RUTZVANSCAD
IL GIOVINE

Arcifopratragichiffima Tragedia.

Elaborata ad ufo del buon gufto de'
Grecheggianti Compofitori

D A

CATTUFFIO PANCHIANIO

BUBULCO ARCADE.

I N   V E N E Z I A,
Al Secolo delle Lettere
PER GIUSEPPE BETTINELLI.
MDCCXXXVII.
Con approvazione de' Superiori.

Rutzvanscad
Il Giovane.

First published, Venice, 1737.

Republished Travis & Emery 2009.

Published by

Travis & Emery Music Bookshop
17 Cecil Court, London, WC2N 4EZ, England.
Tel. (+44) 20 7240 2129.
neworders@travis-and-emery.com

ISBN Hardback: 978-1-906857-11-0   Paperback: 978-1-906857-12-7

IL
RUTZVAN
SCAD

EURIPIDE SOFOCLE

MEROPE ET ULISSE

AL SECOLO PELLE LETTERE IN VENEZIA

RUTZVANSCAD
IL GIOVINE

Arcisopratragichissima Tragedia.

Elaborata ad uso del buon gusto de'
Grecheggianti Compositori

D A

CATTUFFIO PANCHIANIO
BUBULCO ARCADE.

IN VENEZIA,
Al Secolo delle Lettere
PER GIUSEPPE BETTINELLI.
MDCCXXXVII.
Con approvazione de' Superiori.

AMICO LETTORE.

Q VESTA compoſizione, a cui abuſivamente è poſto il nome di Tragedia, è parto d'un Autore, che ſi proteſta d'aver tutta la ſtima per le Tragedie Greche, e d'aver letto con piacere al-

cune

cuue delle medefime, ed egualmente alcune delle Italiane compofte ad imitazione de' Greci; ma non può diffimulare la fua noja nel vederle, fatte familiari alle noftre Scene. Come fono a' tempi noftri ceffati tutti que' motivi, per i quali all' antica Grecia piacevano le orribilita, e fuperftizioni Tragiche, così è parfo all' Autore molto ftrano, ed inopportuno il voler avvezzare i noftri Teatri alla totale, e fervile imitazione de' Greci, e render grate all' udito, e alla vifta cofe sì ripugnanti al noftro genio, e al noftro coftume. Per quefto fi protefta l' Autore d'aver folo intefo di ferire la maffima, rifpettando per altro la virtù di chi con tutto l'applaufo ha fcritto in quefta materia. Con la lettura fe ne vedrà la verita, e apparirà chiara nella derifione degli Oracoli, de' fogni, del parlar fanatico, de' matrimonj orribili, e de' Cori folo a' noftri tempi

pra-

✣ VII. ✣

praticati nelle pubbliche strade dagli Orbi.
Certe voci, che suonano concetti di Gentile-
simo, sono introdotte per rendere più visibile
il costume degli Attori Chinesi, e Tartari ;
per altro li sentimenti dell' Autore sono di vero Cattolico. Vivi felice.

PERSONAGGI.

Rutzvanscad il Giovine, *Re della China*, *e della nuova Zembla*.

Mamaluc, *suo primo Ministro*.

Culicutidonia, *Vedova di Tettinculuffo Tiranno della nuova Zembla*.

Aboulcassem, *suo Cugino*.

Muezim
Calaf } *Figli di Culicutidonia*.

Nutrice.

Astrologa di Piazza.

Alboazeno.

Coro d'Orbi di Piazza.

La favola si suppone seguita nella nuova Zembla nella Città di Tnfznprhzmk avanti la Porta del Palazzo Reale nella Gran Piazza.

Astro-

Astrologa di Piazza.

PRIA che fparifca in Ciel.. (meglio
  alle curte)
Prima che venga il dì, s'adatti in
  luogo,
Ove poffa fpacciar merci di cian-
  ce,
Il Palchetto, e la fedia. Io là fedendo,
Col velo nero indietro tratto, al Mondo
Prefagirò gravi future cofe.
Ma quanto meglio fora,
Che in ruftico Mercato
A fpiegar mi portaffi
Falfi prefagi al ftolido Bifolco;
Che trattenermi in quefta
Da Numi odiata, ed abborrita Terra,
Dove tra poco ha da feguir un'opra,
Ch'egual non vider mai le Greche Scene.

          Oh

❄ X. ❄

Oh de' dotti escrementi di Rosaccio
Cibata non mi fossi! oggi per certo
La pena non avrei
Di dover presagir sì tristi eventi.
Oggi il gran Rutzvanscad, dell'Equinozio,
E della bionda Primavera figlio;
(Perchè il costume antico vuol, che tragga
L'origine ogni Eroe dall'alte sfere;)
Il grande Rutzvanscad ne' Campi Elisi,
Per qual'ignota, e non pensata strada,
Attende il non men grande,
Che sfortunato Rutzvanscad Nipote!
Ahime qual rivedrà gli amati figli!
Ahi! qual lui rivedrà l'afflitta Madre!
Ahi! quante stragi, e quante cose orrende!
Ch'io taccio, perchè ancora
Gente in Piazza non v'è; benchè non abbia
Tanti riguardi il Tragico Poeta.
Nè le calamità, ch'oggi vedransi,
Per colpa son del Re, che saggio, e pio
Regge con dolce fren l'ignoto Mondo;
Ma Giove irato, allorchè l'Ava insigne
Kerestani, de' Genj alta Nipote,
S'unì contro il divieto ad uom terreno,
Come ne fanno al Mondo
Le novelle Persiane eterna fede,
L'ira non vuol depor, sinchè non veda

Tu

Tutta perir queſt'infelice ſtirpe.
Certo io partir volea; ma trattenuta
Da un Tragico Poeta, che aſſerimmi
Eſſer'uſo, e dover, che l'Indovina
Sempre intervenga alle funeſte coſe,
Mio malgrado m arreſto. Ed ecco s'apre
Sul primo albor del dì l'infauſta Reggia;
Poichè, ſe gli accidenti
Della Caſa Real reſtringer deve
Dell'ore ventiquattro il breve ſpazio,
Alti Numi del Ciel, che occulto iſtinto
Fà che di buon mattin il Rè ſi levi.

ſi ritira.

Mamaluc, Rutz vanſcad.

MAMALUC.

Poichè jer ſera così tardi al letto
  Vi mandaro, Signor, le cure pubbliche,
  A non ben chiaro dì prender vi piace
  Queſt'infalubri, ed umidi crepuſcoli,
  Impregnati di parti eterogenee,
  Della voſtra ſalute a sì gran riſchio.
  Che fia ciò! Non per anco al Real Pozzo,
  Per attingere l'acque,
  Delle Galere giunſero i forzati;

E voi

❧ XIII. ❧

E voi fuor delle piume in Piazza ufcite?

RUTZVANSCAD.

Mio caro Mamaluc, alla tua fede
Tacer non poffo i più nafcofi fenfi.
Sai ch' io dò legge al gran Chinefe Mondo;
E che di mie vittorie, in giufta guerra,
Spoglia è la nuova Zembla, ove fcacciai
Dall' ufurpato Trono
Tettinculuffo, il barbaro Tiranno;
Onde par, che di me dar non fi poffa
L'uom più poffente, o più temuto in terra;
E pur di quefta mia
Felicità, e grandezza, io non rifento
Gioja, o piacer; ma gl'infelici fpirti
Sempre premendo và cupo penfiero.

MAMALUC.

Che fentenza direi, fe foffi Greco,
Per fpiegar, o Signor, quanto fia falfo
Il giudizio del volgo
Nel mifurar felicità terrene!
Pur dirò: cofa ufata in chi poffiede
Cofe grandi nel Mondo è aver gran cure.
Ma la nota mia fè, fe vi par degna

Del

❊ XIV. ❊

Del grave arcano, a me fpiegar vi piaccia
Quefta del voftro duol cagione occulta.
Se rimedio apportar non è baftante
Al voftro mal l'infufficienza mia,
Sfogato, almen farà minore il duolo.
(Paffar può per fentenza quefto detto.)

RUTZVANSCAD.

Poco più che tre luftri egli è, che amai
Vaga amabil beltà, nel di cui volto
Impreffero il più puro, e´vivo raggio
Di lor bellezza eterna i fommi Dei;
Ma il minor de' fuoi pregi
Era il bello del volto, al par di tante
Doti sì illuftri, e chiare,
Onde apparìa quella bell'Alma adorna.
Vivace, e gentil brio s'univa in lei
Alla faggia modeftia, ed al decoro,
Che di nobil Donzella è il primo onore.
L'amai fedele, e in lei trovai fenz'orma
D'infana ambizion, tenero affetto,
E in un tenero amor pudiche voglie.
Tanto in fine l'amai, ch'anche mal grado
Al fuo natal di pura,
E illuftre nobiltà, però ineguale
Al Talamo Sovrano

D'un

✻ XV. ✻

D'un Succeffor di così vafti Imperj,
Con facro nodo a lei Spofo mi ftrinfi:
E in breve di gemella
Cara prole mafchile eccomi Padre.

MAMALUC.

Da voi, Signor, a me s'affida un cafo,
Che, fe ben Servo antico in voftra Corte,
Nuovo mi giugne.

RUTZVANSCAD.

Tutto
Pafsò con fegretezza: il genio altero,
E nulla men feroce
D'Aovrun Arafchid il vecchio Padre,
Mi perfuafe ad occultar la Spofa,
E la prole innocente,
Per tema del furor de'fuoi trafporti.
Ahi vane diligenze! Un Servo infido
Per un penfier di migliorar fua forte
Con ricco premio, ci ha tradito, ed ora
E' forza che rinovi
Quel gran dolor, ch'io porterò alla Tomba.

MA-

✤ XVI. ✤

M A M A L U C.

Strane cofe, Signor, d'udir attendo.

R U T Z Y A N S C A D.

Arafchid ne fremè, però in fegreto;
E fatto giuramento
Per l'alma del dottiffimo Confufio
Di troncar quefto nodo, ch'ei chiamava
Al Sangue Equinozial ingiuria, ed onta,
L'atra bile occultò, che lo rodea.
Poi colto il tempo, che alla caccia andando,
Trattener mi dovea per qualche giorno
Dalla Reggia lontano, e dalla Spofa,
Ad un de' fuoi più fidi
L'empia ftrage ordinò di lei, de'cari
Pargoletti innocenti:
Con ordine, che il cor della mia Cara,
Di fede albergo, e d'oneftà più pura,
Accomodato in dilicato Cibo
Porger mi fi doveffe al mio ritorno
In orribil vivanda.

M A M A L U C.

Oh che gran cofa!
In punto ammirativo
La Cena di Tiefte

Qui

✥ XVII. ✥

Quì efclamarebbe un Tragico Poeta,
E ne farebbe applaufo
Il troppo Ipocondriaco uditore.

RUTZVANSCAD.

Ma fenti ancor più fier comando: aggiunfe,
Che de' miferi Figlj fatti Eunucchi
Mi fofler dati in cibo i genitali

MAMALUC.

Giuro per la febrifuga Chinchina,
Che quefta non fognò nè men Tiefte.

RUTZVANSCAD.

Il cafo non feguì: tanta innocenza
In quefto punto folo
Dalle maligne Stelle ebbe il rifpetto.

MAMALUC.

Al difpetto di tutte le Tragedie
Godo, non fia fucceffo il fiero cafo.

❊ XVIII. ❊

Rutzvanscad.

Chi doveva eseguir sì orribil'opre,
S'intenerì: avvisata
Quindi fuggì la Sposa, e della fuga
Compagni furo, e degl'incerti casi
Gli appena nati teneri Bambini.
Tanto terror l'afflitta Donna invase,
Che le mancò il pensier di dirmi addio.
Co'Pargoletti in braccio
Partì notturna, e sola; e son tre lustri,
Che, se vive, o morì, qual mar, qual terra
Solchi, prema, non so: So ben, che quando
Il fiero caso intesi,
Ebbi a morir, ebbi a impazzir di duolo.

Mamaluc.

Ma Arafchid?

Rutzvanscad.

Nel veder fallito il colpo,
Ei bestemmiò tutti i Chinesi Dei:
Poi dalla rabbia interna ogn'or corroso
Così fiero divenne, e sì crudele,

Qua-

Quale nel viver suo negli ultim' anni
Lo provò, e ne tremò la China tutta;
E rabbia tal gli accelerò il Sepolcro.

MAMALUC.

Dopo la morte sua, non fuvi caso
Di rinvenir la Sposa, e i cari figlj?

RUTZVANSCAD.

Le diligenze usai, lo sanno i Numi;
Del (*A*) Zang-von-ab sin tra l'orrende rupi,
In van cercata fu: Più di due lustri
Egli è, che ne va in traccia
Per mari, e monti il fido Alboazeno.

MAMALUC.

Ma Oracoli, Signor, non consultaste?

RUTZVANSCAD.

Nella China siam nati: i vani augurj
Lascio a gli Autor delle Tragedie Greche.

❧ XX. ❧

MAMALUC.

Cert'è, che non fentendo quì l'Oracolo,
Mi viene un buon'augurio,
Che non poffa tal cafo andar'in Scena;
Ma fperate, Signor, negli alti Numi,
A'quali fpeffo offrite incenfi, e voti,
Come jeri facefte al gran Confufio;
E con Alma tranquilla
Godete intanto in sì felice giorno,
Che rammemora al Mondo
Nella conquifta della nuova Zembla,
E di quefta Cittade, il di cui nome
Pronunziar non potrà mai lingua umana,
De' trionfi il maggior di quanti mai
Cantò ne' Duci fuoi l'antica Grecia.

RUTZVANSCAD.

Mamaluc, nè qui pure io fon contento.
Sai che contro di me Tettinculuffo,
Il Tiranno depreffo io credo ch'armi
Tutti i Moftri d'Averno;
E di lui non men rea contro me, il fai,
Qual Culicutidonia attizza i Figlj.
Tra i più neri fofpetti

D'in-

❧ XXI. ❧

D' infidiofe trame io vivo inquieto,
Ed orridi fi fan fino i miei fogni.

MAMALUC.

Signor, fognafti dunque? Oimè mi fpiace.
Qùi, fe non v'è l'Oracolo, v'è il fogno.

RUTZVANSCAD.

Sognai mio fido; e a me parea, che in quefto
Giorno per me sì lieto
Due giovani Leoni
S'avventaffero a me per isbranarmi;
Ma cadean del mio braccio ad un fol colpo.
Io tutto ne godea, quando mi parve
Che prendeffer fembianza
Di biondi, e vaghi Giovinetti eftinti;
E allor cangioffi la mia gioja in pianto.
Di piagnerli però tempo non ebbi,
Poichè pareami, che una Tigre Ircana
Contro me fi fcagliaffe, e m'uccideffe.

MAMALUC.

Sire, gran fogno è quefto, e non conviene
Lafciarlo, fenza udirne

Quan-

✵ XXII. ✵

Quanti contenga in sè mifterj occulti,
Quì Tirefia non v'è, nè l'Indovina
A Febo facra: udir però potete
L'aftrologa di Piazza: eccola appunto.

Aftrologa, Mamaluc, Rutzvanfcad.

A S T R O L O G A.

Cornicaudati Demoni,
   Che dall'orrendo Baratro
   Eftollete la mano ugnogrinfuta
   Fermate, gittate
   Il nero Pettine,
   Di cui con forza
   Fiero-tartarea
   Dalla folta, ed irfuta orrida Coda
   Vi fervite ad eftrar le ignite piattole.

M A M A L U C.

Eh lafcia, o ftolta Donna, quefte fole;
T'accofta al Re, t'inchina,
E t'affretta a baciar la real mano.

A S T R O L O G A.

Io bacierei più tofto

Dell'Ar-

❋ XXIII. ❋

Dell' Armene riviere
Il ner rifiuto, il fuccido Michiela.

M A M A L U C.

La Real Maeftà così avvilifci?

A S T R O L O G A.

Oh miferabile! già zoppo in Cielo
Va l' Equinozio,
E tutta in lagrime
Si diftilla la bionda Primavera;
Alternan gli ululati
L' uno, e l' altro a vicenda
Cerbero, e 'l can de' Tartari:
E udite femminil Aftrologia,
Deve alcuno morir, quand' urla il Cane.

R U T Z V A N S C A D.

Io comincio a temer sì trifti augurj.

M A M A L U C.

Or via finifci; al Re t' accofta: il vedi?

Astro-

✤ XXIV. ✤

ASTROLOGA.

Vedo nel nero Fiume d' Acheronte
Per la bituminofa, e nera Linfa
In orrido guizzar l' anguille ignivome.
Le Serpi (fallo) detto va: i Colubri
Fifchian in larghe fpire in fu la riva
Della Palude Stigia:
Del rio traghetto
Nero Gaftaldo
Paron Caronte
Spalma la lieve Barca, e canta il verfo,
Che mife in bocca a lui
Con Carme ignoto il gran Merlin Coccai:
Cra, Cratif, Trafnot, Sgneflet, Canatauta, Riogna.

RUTZVANSCAD.

Ahi! Mamaluc coftei parla diabolico.

MAMALUC.

Orsù finiamla: in quefto dì sì lieto
Soverchiamente anco di buon mattino
T'incominciafti a dedicar' a Bacco.

ASTRO-

❀ XXV. ❀

A STROLOGA.

Dì lieto quefto? A voftre laute Menfe
Vuote di Convitati
Oggi feder dovran l'avide Arpìe.

R UTZVANSCAD.

A sì fiera minaccia io non refifto.

A STROLOGA.

E nella Sala, ove doveafi in liete
Danze paffar la notte,
Balleranno la Sfinge, e'l Minotauro.

M AMALUC.

Eh va lunge da quì, pazza ubbriaca!

A STROLOGA.

Oh Diana! oh Furie ultrici! voi fentite
Qual fi ftrapazza il vaticinio noftro!
Voi.... ma già veggo.... fento,
Sento l'odor delle Bragiole arrofto
Nell'Ofteria vicina a Cintia facra.

parte.

MA·

❊ XXVI. ❊

MAMALUC.

Grazie al Ciel, è partita; oh che sciocchezze!
Non vi turbin, Signor, queste follie.

RUTZVANSCAD.

Che? Rutzvanscad sì debole figuri?
Un figlio d'Araschid? Un gran Nipote
Del vecchio Rutzvanscad? Un'Uom di guerra?

ASTROLOGA.

Scusate, se ritorno: Io non ben feci
L'ufizio mio: chiamai
Diana, e dovea dir Ecate trina;
E le Furie dovea chiamar Erinni.

MAMALUC.

Vattene al Cacodemone. O Signore
De' venditor di Thè già l'officine
S'aprono, onde concorra il volgo garrulo;
Meglio fia ritirarsi entro la Reggia.

❈ XXVII. ❈

Culicutidonia, Muezim, Aboulcassem, Calaf.

C U L I C U T I D O N I A.

Sapete voi col fulgido apparato
Di sì solenni pompe
In questo dì, che si festeggia, o Figlj?

M U E Z I M.

Di Rutzvanscad l'avvenimento al Trono.

C U L I C U T I D O N I A.

Ah per non rinovarmi un gran dolore,
Tacete il più crudel d'ogni successo,
Che affliggerà in eterno
L'alta, e Real Tettinculuffa stirpe.

A B O U L C A S S E M.

Mia Signora, e Cugina, assai turbata
Vi vedo.

C U L I C U T I D O N I A.

Non vi spiaccia, o sempre caro,

E ri-

✤ XXVIII. ✤

E riverito mio Cugino, un poco
Fermar' il piede altrove, infin ch' io parli
Co' Figli miei d' un grave affar, che a voi
Effer non dee fegreto: ma fapendo,
Che quattro Perfonaggi in una volta
Non fon permeffi dalle buone regole;
Vi prego, fino ch' un di noi fen vada,
D' allontanarvi, e intanto
Comodamente il Thè bever potete.

ABOULCASSEM.

A' precetti di tanta confeguenza
Raffegnarfi convien: nell' Officina
D' un venditor di Thè vado: ma meglio
Fia ch' io intanto mi vada a far la barba.

parte.

CULICUTIDONIA.

Figlj, fapete voi, che fi fefteggia
Oggi con tanti applaufi, e tante fefte?
Del voftro invitto Genitor la morte.
Ogni voce giuliva,
Ogni pompa, ogni danza, ed ogni giuoco
Vuol dir, che voi perdefte, e Padre, e Regno;
E di Figlj di Re voi fiete Servi.

Voi

XXIX.

Voi vi turbate, ed inchinate a terra
Le luci, e già vi vedo
Comparir qualche lagrima fugli occhi;
Ma giuro a' Sommi Dei, non vi chiamai,
Perchè a' comuni mali
Non fi cavi da voi che inutil pianto:
Di fufcitar' intendo
Quel generofo Spirto,
Che da' Tettinculuffi alti maggiori,
In retaggio paffato
Ceder non deve a vincitor fuperbo.

MUEZIM.

In sì avverfo deftin, Madre, e Signora,
Ed in tal cambiamento della forte,
Deh! che mai refta a noi, fuorchè il dolerfi?

CALAF.

Io certo, Madre (confeffarlo è forza)
Non ho virtù, che tanto il cuor m'induri
Con occhio afciutto a rimirar l'acerba
Morte del Padre, ed il deftin di Servo.

CULICUTIDONIA.

Che refta, Muezim? Vi refta un bene,

Che

Che felici può farvi in un sol colpo:
Vi resta il gran piacer della vendetta.
Se vi serve il coraggio,
Per far che cada Rutzvanscad estinto,
Il Padre è vendicato, e voi tornate
In quel grado sovrano, in cui nasceste.

MUEZIM.

Come mai può eseguirsi idea sì grande
Contro Re sì possente,
Ove a noi mancan le aderenze, e i mezzi?

CALAF.

Questa, che respiriamo, è un'aura vana
Di libertà: se non ci aggrava il piede
Del ferro il peso, abbiam però d'intorno
Di Rutzvanscad le Guardie, ed i Custodi.

CULICUTIDONIA.

Ditemi: di voi forse in miglior stato
Era in Messene il Giovane Cresfonte?
E pure inerme, e solo a terra stese
L'iniquo Polifonte,
Tra le Guardie, e i Custodi in mezzo al Tempio.

Di-

❧ XXXI. ❧

Ditemi: Schiava, ed in età cadente
Ecuba non fu allor, che contro il Trace
Ospite infido del tradito Figlio
Prese la memorabile vendetta?
Ah! la ragion ben vedo:
Quel, che v'arresta, è un vil timor di morte;
Ma della Schiavitù, ch'è un mal sì grande,
Sì poco conto fan due Regj Figlj?
Leggete, o sciocchi, l'Ecuba d'Euripide:
Vedete Polisena: Una Fanciulla
A voi serva d'esempio, e di rossore.
Leggete quante istanze, e quanti ufizj
Fa per premura d'esser ammazzata,
Pria che star viva in condizion di Serva.
Ella di servitù sì esprime i mali,
Che a chi non l'ha dispone appien le voglie
Di correre di tratto ad ammazzarsi.
Credete voi, che a me mancasse il core
Di far quanto in Egitto
Fè Cleopatra, a cui fu avverso il Fato,
Da quel dì, quando nacque Marcantonio?
Sol di voi due l'amor mi tenne. Vidi,
Che l'Egizia Regina, abbandonati
Trasse col suo morir a morte i Figlj,
Da' quali forse a un tempo
Potea sperar vendetta. A questa io vissi,
Per veder, con qual senso, ora che adulti

Ben

❊ XXXII. ❊

Ben concepiſte i voſtri acerbi caſi,
Da voi s'accoglie queſto
Stato di miſerabile fortuna.
Che ſe poi v'avviliro i duri Fati,
Soffrite pure in pace
La vile Servitù; che ho già riſolto.
E per far ciò, che ſino ad or non feci,
Vel dico, il tempo, il modo a me non manca.

M U E Z I M.

Madre, per animarci,
Adoprate il maggior d'ogni ſpavento.
Laſciate un poco un breve tempo al grande
Penſier, acciò ben conſigliar lo poſſa
Col mio Germano, e più co i Numi al Tempio.

C U L I C U T I D O N I A.

Ben riſolvete; andate: il Ciel v'inſpiri
Senſi, che degni ſien del Sangue voſtro.
Cugin, venite. Queſto
E' un gran giorno per noi: o vendicato
Lo Spoſo, riacquiſto il Regno a i Figlj,
O' perdo con i Figlj anco la vita.

ABOUL-

✻ XXXIII. ✻

A B O U L C A S S E M.

Mia Signora, e Cugina, egli è gran tempo,
Che ogn'or penfofa vi rimiro, e aftratta:
Onde conobbi anch'io, ch'un gran penfiero
V'occupava la mente.

C U L I C U T I D O N I A.

E in quefto giorno,
O buono, o reo, forfe ne avrem l'effetto.

A B O U L C A S S E M.

Ma non vorrei però che con feroce
Difperato configlio
Giuocafte in un fol punto e Figlj, e Vita.

C U L I C U T I D O N I A.

E' ver; ma in tal miferia, e tal viltade
Vivere non fi può. Su 'l Regio Trono
Del trucidato mifero Conforte
Veder faftofo un Barbaro Nemico;
E in quella Reggia fteffa, ov'io regnai,
Veder me, e i Figlj in condizion di Servi,

C   Può

❀ XXXIV. ❀

Può foffrirlo una Madre, e una Reina?
O tentifi il ritorno al primo ftato,
O, fe il deftin non vuol, moriamo tutti.

ABOULCASSEM.

Oimè! Regina, voi col fato avverfo
Troppo cozzate. Prima
Ch'intraprender sì grande
Ardita, e nullamen difficil'opra,
Ben riflettete a i mezzi, al tempo, a i rifchj.
A me credete : io non vi vedo in ftato
Di confeguir con frutto una vendetta.
Perciò, con mio dolor, io vi configlio
Ceder con lode di prudenza al Fato,
Sinchè piaccia al voler de' fommi Dei.

CULICUTIDONIA.

A Culicutidonia un tal configlio?
Dimmi : vedefti, come un fier Maftino
Di dura sferza da frequenti colpi,
Percoffo in vece di fuggir la mano
Che lo flagella, rabido, e fpumante
Più s'attizza al dolor, e al percuffore
Sempre più fiero d'avventarfi tenta?
Contro il fiero deftin tale fon'io.

Più

✤ XXXV. ✤

Più che rifletto a i beni, che mi tolſe
Il fiero Rutzvanſcad con l'armi ingiuſte,
Protetto da ingiuſtiſſima fortuna,
Vie più infuria il deſio di mia vendetta.
Oltre al Regno perduto il ſangue odiato
Del barbaro Araſchid mio Spoſo ingiuſto,
Che a lui ſcorrendo va per l'empie vene,
De'miei giuſti furori è un'eſca al fuoco.

ABOULCASSEM.

Cugina mia, tempo non è, ſcuſate,
Queſto di rivangar gli andati torti,
Per accreſcer in voi
L'intempeſtivo ſdegno,
Che può forſe condurvi al precipizio.

CULICUTIDONIA.

Me ſol dell'ira mia
Riprender può chi de'miei torti è ignaro.
Sai, che del gran Signor delle Molucche
Unica Figlia, e di più Stati Erede,
Con tutt'i mezzi, e co i più forti ufizj
Dal gran Padre, Araſchid m'ottenne in moglie:
Sai, che compiute nove Lune appena,
Col parto d'un Bambino,
Reſi felice della China il Regno;

❀ XXXVI. ❀

Ma non finito ancor di Sole un giro,
Delle calunnie la più iniqua, e nera,
Che ufcir poteffe mai dal tetro Averno,
Fè creder al Marito
Adulterino il Parto, e me impudica.
Il difprezzato amore
Dell'Uom più reo, che mai calcaffe terra,
Qual' era Quantumcumque
De' Letterati il Mandarin primiero,
Fra' fuoi Miniftri ad Arafchid più caro,
Seppe sì ben'ordir l'iniqua trama,
Onde apparve adombrato
Di macchia così turpe il mio candore.
Di furor pofcia un barbaro trafporto
Efpofe delle Belve all'ugna, al dente
Nel fen di folta felva
Il tenero, e innocente Pargoletto.
Io fu deferto fcoglio, abbandonata
All'ingiurie del Ciel, forfe a queft'ora
Avrei chiufi i miei giorni entro le vafte
Fauci d'Orca Marina, o d'altro Moftro,
Se non mandava il Ciel, che fempre ha cura
Degli oppreffi innocenti,
Con le fue Navi il voftro Re, che tolta
Da sì funefto fito
Nel Serraglio m'accolfe, e in breve tempo
Mi fece divenir Reina, e Moglie.

ABOUL-

❊ XXXVII. ❊

A B O U L C A S S E M.

Fu ingannato Arafchid : fu l'alma rea
Di Quantumcumque il perfido Miniſtro,
Cada nell'impoſtura
L'odio de'Numi, e la vendetta eterna.

C U L I C U T I D O N I A.

Eh ciò non baſta : ſenza udir diſcolpe,
Senza provar accuſe, ove ſi trova
Che condanni una Moglie, una Regina
Sì ciecamente il barbaro Marito?
Son dunque accreditate
Le falſità del Favorito in bocca,
A fronte d'una Moglie
Di pudicizia, di eſemplar coſtume?
No, no : vendetta : voglio ſangue : il cerco
In Rutzvanſcad; poichè al mio giuſto ſdegno
Tolſe la morte il ſcellerato Padre.
Un la fama oſcurò, l'altro mi tolſe
La libertade, e il Regno :
Due ragioni ben forti a vendicarmi.
Sì, sì, Figlj, Congiunti, Uomini, o Dei,
Tutti impegno alla ſtrage, alla vendetta,
Contro queſt'empio, ed abborrito ſangue.
O far ſtragi, e rovine, o morir tutti.

C iij   A B O U L-

❧ XXXVIII. ❧

A B O U L C A S S E M.

Oimè ! co' fuoi furori intempeftivi
Quefta Donna infelice
Certo va incontro all'ultimo fuo Fato.
Nol permettete, o Dei; che fe a voi piace
Migliorar' il Deftino
Del Regio Sangue agl'infelici avanzi,
Giuro facrificarvi un'Ippopòtamo.

Coro d'Orbi improvvifatori di Piazza.

Quefto è quel giorno
 Lieto, & adorno,
 Dove d'intorno
 La gioja, e il rifo
 Comparirà.
Poichè il Re noftro,
 Che non è un Moftro,
 Con gran decoro
 Veftito d'oro,
 E in manto reggio
 Con gran corteggio
 Si vederà.

AL

�֍ XL. �֍

Allora tutti
  Giovani, e putti
  Non ſaran muti
  L'alte ſue lodi
  A celebrar.
E' coſa certa,
  Ch'egli lo merta:
  La ſua giuſtizia
  Senza malizia
  Con la Clemenza
  Ogni Sentenza
  Sa temperar.
In regal Stato
  Egli ha moſtrato
  D'aver'amato
  La povertà.
Poich'era caro,
  Piu lire al Staro
  In un momento
  Calò il formento.
  Per un quattrino
  Di meno il Vino
  Bevuto s'ha.
Ei non è un'empio;
  Ma un buon'eſempio
  Andando al Tempio
  Dà a tutti quanti.

❋ XLI. ❋

Il Ciel lo guardi
  Da lancie, e dardi,
  E da ogni forte
  Di trifta morte;
  Che quella ciera
  Farà in maniera,
  Che l'Orbo canti.

Aboulcaffem, Muezim, Calaf.

A B O U L C A S S E M.

Principi : Voi dal Tempio
  Venite; Io pur per voi
  Tutti ftancai con mie preghiere i Dei.

M U E Z I M.

Che pregafte, Cugin?

A B O U L C A S S E M,

  Che gli alti Numi,
V'arreftino da un'opra,
Che condurravvi all'ultima rovina
Precipitevoliffimevolmente,

CA-

❧ XLII. ❧

C A L A F.

Scufate; mal pregafte : alla vendetta
C'infpirarono i Numi; ed in brev'ora
Efeguita farà di noftra mano.

A B O U L C A S S E M.

Ditemi : qual fia il luogo
Alla grand'opra deftinato?

M U E Z I M.

Il Tempio.
Allorchè Rutzvanfcad di fue vittorie,
Che fono noftri danni,
Va a ringraziar nell'annua pompa i Dei.

A B O U L C A S S E M.

Bravi ! Chi affifteravvi al gran cimento?

M U E Z I M.

Noftro coraggio, e bafta.

ABOUL-

❧ XLIII. ❧

A B O U L C A S S E M.

Oh qual pietade
Mi fate al cor', o poveri Innocenti!
Ma ben sdegno mi fa la Madre vostra
Col studio suo delle Tragedie Greche.
Certo egli è ver : se non avesse letto,
Che di Merope il Figlio
Uccise Polifonte in mezzo al Tempio,
E gli andò bene, non so come, il Fatto;
Non le sarebbe mai venuto in mente
Di destinar voi miseri Fanciulli
Vittime sfortunate al Sagrificio.

M u e z i m.

Ma una gran cosa egli è, che così piaccia
A voi, sì strettamente a noi congiunto,
Vederci invendicati, e senza Regno!

C a l a f.

Bisogna, ch'egli speri
Dal Regnante Nemico una Provincia.

Aboul-

✤ XLIV. ✤

A B O U L C A S S E M.

Niente fpero da lui : l'efperienza,
Che a voi ben manca, delle cofe umane,
Ben mi fa cauto, acciò non fia qual voi,
E qual la Madre voftra, un furibondo.
Ho pietade di Voi : vedo, che andate
Al Macello, quai teneri Giovenchi.

M u e z i m.

E, fe moriamo in opra così grande,
Chi fia di Noi mai più famofo in terra?

A b o u l c a s s e m.

Voi di Tragici fenfi il Capo gonfio
Avete, qual ve 'l fè la buona Madre;
Ma fentitemi un poco,
S'ho cognizion di tali cofe anch'io,
Voi morirete, e quefto è il minor male.
In deferta Campagna i Corpi voftri
Giaceranno infepolti,
Qual giacque Polinice, che al Fratello
Venne armato per tor la vita, e il Regno;
Ed egli pure vi lafciò la pelle

Bel-

❃ XLV. ❃

Bella cofa farà, pafto de'Corvi
Veder'i Corpi di due Regj Figlj!
Ma poi l'Alme? Che fcherzi, che ludibrj
Avran di là dal popolo defunto?
E quali ingiurie dal Prior de'Morti?
Se fapefte cos'è ftar'infepolto!
Tant'Uliffe il temea, che diffe ad Ecuba,
Ch'avrebbe fcelto mendicar'il Pane
Per tutta la fua vita,
Per goder nobil Monumento in morte.

M U E Z I M.

Oimè! gran cofa dite, o mio Cugino!

C A L A F.

Dunque, fe noi morti reftiam ful fatto,
Non avrem fepoltura?

A B O U L C A S S E M.

Così s'ufa
Co'traditori, e tali
Spaccieravvi fenz'altro il Re nemico.

C A L A F.

Fratello mio, convien penſarvi ſopra.

M U E Z I M.

Dite : che far dobbiam?

A B O U L C A S S E M.

V'è tempo ancora.
Pria che diſcenda il Re Chineſe al Tempio,
Vi ſerva bene il tempo, onde poſſiate
Con maturo conſiglio
Rifletter con la Madre all'alta Impreſa.

Culicutidonia, Mueʒim, Calaf.

C U L I C U T I D O N I A.

Figlj, cos'è? Non ſo vedervi in volto
Quel brio, che avean, quando famoſe impreſe
Volevano tentar gli antichi Eroi.

M U E Z I M.

Madre, e Signora : a me non par, che i Dei

❧ XLVII. ❧

Venerati da Noi fu l'Are Sacre,
Applaudano al penfier della vendetta,
E molto men voglian fecondar l'Opra.

C A L A F.

Certo, nol niego, o Madre, in me l'ardire
Si fa minor, dacchè tornai dal Tempio,

C U L I C U T I D O N I A.

Nobil penfier! Voi fate
D'una viltà mallevadore il Cielo.
Non fo che dir : godrete
Di voftra fchiavitù : godrete ancora
Di quel peggior, e indegno trattamento,
Che foglion fare i Vincitori al Vinto,
Acciò che oppreffo tenga il Capo baffo;
Io di me difporrò ciò, che m'aggrada.

M U E Z I M.

Di grazia udite, o Madre : con profitto
Sperate voi poffa feguir tal fatto?
Per noftra man forfe cadrà il Nemico,
Ma per quefto farem falvi, e regnanti?

❈ XLVIII. ❈

C A L A F.

Che faran le fue Guardie, i fuoi Cuftodi?
Siete ficura in oltre, che la Plebe
Applauda al fatto, e che per noi s'impegni?

C U L I C U T I D O N I A.

Mi credete sì ftolta, e sì inumana,
Che, fenz'alcun penfier de'voftri cafi,
Mandar io voglia ad una certa morte
Voi del noftro gran Sangue
Ultimi avanzi, e a me sì cari pegni,
Dell'età mia (neffun m'ode) avanzata
Dolciffimi conforti? Ho provveduto
Segretamente a quant'occorre. Andate;
Che fe a Voi toccherà cadere eftinti,
O fe inutile fia voftro attentato,
Del cafo fol tutta farà la colpa,
Non fallo già di provvidenza umana.

M U E Z I M.

Tutto, Madre, va ben; ma, fe la forte
Vuol, che vittime fiam del Sagrificio,
Che farà mai, fe pafto delle Fiere

Sa-

❊ XLIX. ❊

Saran noftri Cadaveri infepolti?
Come già avvenne in Tebe a Polinice.

CULICUTIDONIA.

E chi fu mai, che in capo
Ha meſſo a Voi queſto penſier moleſto?

CALAF.

Aboulcaſſem.

CULICUTIDONIA.

Oh del digeſto cibo
Bel Conſiglier! Ditegli, ſe il vedete,
Che il tutto non ha detto,
Perchè di coſe Tragiche è ignorante.
Di Creonte al diſpetto Polinice
Dalla Sorella Antigona ſepolto
Fu al par degli altri: or figurate Voi,
Se il caſo avvien, coſa farà una Madre?

MUEZIM.

Sì, ma fu viva Antigona ſepolta.

D   Cu

❉ L. ❉

Sia come vuoi: verfo il Fratello eftinto
Ella fe di pietà gli eftremi ufizj.
Se poi le avvenne un sì finiftro cafo,
Fu permiffion del Ciel: la fciocca Figlia,
Dopo un'opra sì grande,
Confiderando in tutti i fuoi Congiunti
Tante fatalità, dovea ammazzarfi.
Non penfate: unirò quante Nepoti,
E Cugine, che abbiam, ed al Nemico,
Come a Creonte andarono le (B) Supplici,
Andremo; ed io più d'effe avrò giudizio.
Farò, che co'riguardi
Dell'infezion dell'aria
A farci fponda venga il Protomedico.

M U E Z I M.

Quando ciò fia così, Calaf, andiamo;
Ma prima permettete, cara Madre,
Il baciarvi la man, forfe l'eftremo.

C U L I C U T I D O N I A.

O quante ceremonie, e quante fmorfie!

An-

❊ LI. ❊

Andate coraggiofi: un tal patetico
Difcorfo anzi pugnar non fece Eteocle.

C A L A F.

Permetteteci almeno, che al Cugino
Raccomandiam gl'incerti cafi voftri.

C U L I C U T I D O N I A.

Oh quefto sì; ben fate: al Zio Creonte
Eteocle pur raccomandò Giocafta.

M U E Z I M.

Voi di pregare i Dei non vi fcordate.

C U L I C U T I D O N I A.

Non lo fcordai: fentite il mio gran Voto:
Promifi al Ciel il più divoto viaggio,
Ch'abbian fentito mai le noftre ftorie.
Voglio con voi veder quel bel Paefe,
Venerabile a'Tragici, ch'è Tebe.
Là del Fonte Dirceo berrem più forfi,
E bacierem le prodigiofe mura,
Che architettate dalla man de'Numi

Han privilegio di falvar chi dietro
Prefto vi fi rifugia
Da tutti i colpi d'Archibufo, o Freccia.

MUEZIM.

Piaccia al Ciel, che veggiam le cofe rare,
C'ha in sè la gran miniera di Tragedie.

CULICUTIDONIA.

E di più al Bivio andrem, là dove Edippo
Fè l'omicidio dell'ignoto Padre,
Luogo, che fegna un Perficar diftinto.
Vedremo della Sfinge imbalfamata
Confervato il Cadavere nel Tempio.
E del Drago di Cadmo una mafcella,
Da dove tolti i denti, e feminati
Al grande Agricoltor nacquer Guerrieri.
Vedrem la Stanza, ove morì Giocafta:
Il luogo, ove nel Campo
S'infilzarono Eteocle, e Polinice,
Che il fegno Salamon diftingue in pietra.
Poi chiuderemo il viaggio
Là nel Sacro Colono, ove purgata
D'Edippo l'Alma accolfero l'Erinni.

MUE-

❧ LIII. ❧

MUEZIM.

Impoſſibile fia, per un tal Voto
Che non torniamo ſalvi, e vincitori.

Aboulcaſſem, e Culicutidonia.

Alla volta del Tempio
Sen vanno i Prenci; ed a qual fine? Oh Cielo!

CULICUTIDONIA.

Che vanno a far? Ciò, che vedrete in breve,
E d'impedir più non avete tempo.

ABOULCASSEM.

Ah di grazia, Regina, udir vi piaccia
Quanto mi ſono a cuore i voſtri Figlj:
Malgrado a quante Guardie
Giran la notte, ho ritrovato il modo
Di trafugarli, e d'inviarli occulti
Al Re di Calicut, che mal ſoffrendo
Con la conquiſta della nuova Zembla
Di Rutzvanſcad creſciuta la grandezza,
Uniſce in ſtretta lega

I Re-

❧ LIV. ❧

I Regni Malavari, e Guzarati.
La prefenza de'Principi infelici
Darà moto maggior'al gran difegno;
E dall'Arme alleate,
Senza cercar precipitofi impegni,
Vedrete migliorato il lor Deftino.

CULICUTIDONIA.

Eh che foffrir non fo tali lunghezze.
Per via più breve vo'vederli in Trono.
E poi la lor fortuna
Opra farebbe, e merto altrui: vogl'io
Render famofo al Mondo il loro cafo,
Per opra del lor braccio, e di mia Tefta.

ABOULCASSEM.

Che infelice deftin! raro fuccefso
Sì facilmente a voi pafsa in efempio.
Quel, Cugina, che fece un fimil fatto
(Se pur'è vero) egli era della forte
Famiglia degli Eraclidi, che il fangue,
E l'origin traea dal grand'Alcide.

CULICUTIDONIA.

Ed i miei Figlj fon Tettinculuffi,
Progenie al Mondo tanto dilatata.

ABOUL-

❧ LV. ❧

A B O U L C A S S E M.

Voi li perdete.....

C U L I C U T I D O N I A.

A voi non coftan nulla.

A B O U L C A S S E M.

Certo fia quefto il dì, che in voftra Cafa
Manda un Soggetto il Ciel d'una Tragedia;
E ne godrete? Oh maladette quante
Vi fon Traged....

C U L I C U T I D O N I A.

Tacete, fcellerato
Beftemmiatore al par di Capaneo.
Voi così ftrapazzar cofa sì facra?
Parto, perchè foffrirvi più non poffo;
E prego il Sommo Giove, che una notte,
Quando placido, e quieto ripofate,
Faccia, che adoffo vi falti un Centauro.

A B O U L C A S S E M.

O delle Greche barbare Tragedie

Nojo.

✤ LVI. ✤

Nojofe alla lettura, e tetre al guardo
Mifera imitazion, folle lavoro!
Pera colui, che primo a i tempi noftri
Si penfò ravvivar quefto, con vana
Idea di dilettar, ftudio d'orrori.
Non tengon quanto bafta i fpirti oppreffi,
D'un Ciel maligno i contumaci influffi,
I diffidj domeftici, e le tante
Gravi private, e pubbliche jatture,
Che fe mai fia, che con onefto, e dotto
Divertimento, per poch'ore almeno,
Di refpirar l'egro penfier ricerchi,
Convien ch'a i finti cafi anco s'attrifti?
Di Natura i ribrezzi alla grand'opra
Fermano quì la bafe; e per mentita
Fatalità, de'Spettatori il pianto
Prezzo è allo Studio, e dell'Autor la gloria.
Quì chi ftupra le Figlie, e chi la Madre
Spofa con empie, ed efecrande nozze:
Chi uccide il Genitor: chi Sacerdote
S'accofta all'Are a trucidare un Figlio:
Chi all'infcio Padre la sbranata prole
Porge alla Menfa in orrida vivanda:
Un s'appende: un s'affoga: uno nell'onde
Si precipita: ed un, fvelte le luci
Dalla fronte, fen vien di fangue lordo,
Quafi lieve puntura

Foffe

Foſſe il forar sì dilicata parte,
I proprj caſi a deplorar con fraſe.
Al deſtino, alla forza de'Tiranni
Quì ognor ſoccombe l'innocente, il giuſto:
Quì fendono l'udito abbominati,
Non ſol da chi religion profeſſa
All'antica de'Greci in tutto oppoſta,
Ma dal civil commerzio, i triſti augurj.
Oh Tragedie, oh Tragedie! Il Ciel vi tolga
A noi non ſol, ma ancora
Al bel genio d'Auſonia, e a diſſiparvi
Venga qualch'opra, come venne un tempo,
Per dar'il bando a'ſtolidi Romanzi,
Il tanto ſalutare Don Chiſciotte.

Coro d'Arbi.

Ch'Uom dabbene è il noſtro Rà!
   Ei comincia queſto dì
   Dalli Dei, qual deve chì
   Religion profeſſa, e fè.
Ch'Uom dabbene è il noſtro Rè!

SEMICORO.

Bovi, e Agnelli egli offrirà
   All'eterna Deità,
   Che in tal dì Regnante il fè.

❊ LIX. ❊

C o r o.

Ch'Uom dabbene è il nostro Rè!

S e m i c o r o.

Ma da novello
    Il tutto è bello:
    Ci vuol pazienza
    Per giudicare
    Con gran prudenza
    La verità.
Le Gabelle ei non accresca,
    E donar non gli rincresca,
    Uom dabbene allor farà.
Se si trova quel Ministro,
    Ch'abbia un genio sì sinistro
    D'angariar la povertà,
    Che per sè tutto pretenda,
    E giustizia, e grazia venda.

C o r o.

Uom dabben più non farà.

Se-

❧ LX. ❧

SEMICORO.

Ho imparata una Canzone,
  Che diceva, che Nerone
  I primi anni ben regnò:
  Ma ful Trono il piè fermato,
  Fu sì iniquo, e fcellerato,
  Che fua Madre anche ammazzò.

CORO.

Del prefente Ben godiamo,
  Del futuro dubitiamo;
  E concordi il Ciel preghiamo,
  Che fia fempre qual'egli è
  Uom dabbene il noftro Rè.

Culicutidonia, poi Aboulcaſſem.

CULICUTIDONIA.

Con tutta la fua pompa
  E' già difcefo il Re Chinefe al Tempio;
  E da queft'ora forfe
  L'avran mandato a Stige i Figlj miei.
  Molti fedeli al morto mio Conforte

❖ LXI. ❖

Da me difpofti a fecondar l'imprefa,
Ad ogn'un, fino a'Figlj fteffi, ignoti,
Spero che adempieranno al lor dovere.
Già dell'efito anfiofa contenermi
Nella Reggia non fo. Numi, che in quefta
Noftra Confonantiffima Cittade
Sì puro, e inviolato il culto avete,
Voftro impegno è fcacciar da quefte mura
Quante il noftro nemico ha quì portate
Brutte figure de'Chinefi Dei.

ABOULCASSEM.

Prima che addoffo a sfracellarmi l'offa
Il Centauro mi falti, io, che beftemmio
Più di quello che fè nel grand'affalto
Delle Mura Tebane Capaneo,
Cugina, Indovin fui. Voi, che coftoro
A mente avete ben, con voftro danno
Chiamatemi Tirefia, o Anfiarao.
Or delle ree Carnificine Greche,
La lettura di cui è a voi sì cara,
Efemplar per faziarvi in Cafa avrete.

CULICUTIDONIA.

Che riportate, ahi caro mio Cugino?

ABOUL-

✻ LXII. ✻

A B O U L C A S S E M.

Eh sì, caro Cugino? Io vi direi,
Se non mi trattenesse il grado, e il Sangue
Quanto l'ira, e il dolor mi mette in mente.
Oh Principi infelici! Oh del Re nostro
Miserabil Progenie!

C U L I C U T I D O N I A.

         Oimè, son morti
I cari Figlj?

A B O U L C A S S E M.

        Un d'essi,
L'infelice Calaf giace nel Tempio,
Orribile spettacolo. Fra poco
Lascierà Muezim su Palco infame
Per mano del Carnefice la Testa.

C U L I C U T I D O N I A.

Ma come avvenne mai sì tristo caso?

ABOUL-

❄ LXIII. ❄

Come avviene a chiunque dal trafporto
D'indomito furor regger fi lafcia.
Affalirono il Re d'intorno cinto
Da'Miniftri, e Cuftodi. Alzata appena
La mano audace, da più Lancie, e Spade
Forato fu Calaf, come un Crivello.
Muezim pur farebbe in fimil ftato,
Se nol vietava con fatica, e ftrida
L'ifteffo Rutzvanfcad, per riferbarlo
Al proceffo, all'efame, ed al fupplicio.

C U L I C U T I D O N I A.

Ah veggio ben, Cugin, che non m'amate.
Si tratta della Morte
Di due voftri Cugini
Nati di Regio Sangue, e Figlj miei;
E voi con un racconto, in cui ben chiaro
Fate veder, che brevità ftudiate,
Par, che di due Plebei narriate i cafi.
Certo, ftrapazzo tale il duol m'accrefce.
Gran cofa! Allor che la Fortuna è avverfa,
Mettonfi ad infultar fino i Congiunti.

ABOUL-

✣ LXIV. ✣

Buon! qual'è la mia colpa? In che v'offeſi?

C U L I C U T I D O N I A.

Era Greco Taltibio, era nemico
D'Ecuba l'infelice; e pur'allora,
Che della cara Figlia Poliſſena
Ebbe incarco di eſporre a lei la morte;
Lo fece con tal grazia, e con racconto
Bello, eloquente, e ſpecialmente lungo,
Che a'tempi noſtri il leggerlo è un'incanto.
Sin de i particolari più minuti
Uno non ne laſciò: ſeppe fin dirle,
Che nel cader ferita, ebbe attenzione
Con man tremante ad aggiuſtar la Gonna,
Per non moſtrar ciò, che non va moſtrato.
Così un Greco, un Taltibio; e voi parente
Tanto fate di men, quaſi che in Piazza
Caldi dal Vin moriſſero due Sbirri.

A B O U L C A S S E M.

Vorrei ſaper, ſe ſon del voſtro ventre,
O d'una Quercia uſciti i due Fanciulli?

Che

✸ LXV. ✸

Che con lungo, ed inutile racconto
Vi spiace non sentir le lor sciagure.
Che debbo dir? Descrivere gli addobbi
Del Tempio, de'Ministri le Tiare,
E de'Buoi sacri a'Dei le corna aurate,
Per riferir de'miseri Fanciulli
Il funesto accidente alla lor Madre?
E far, come d'Eteocle (C) lo Scudiere,
Che a Giocasta descrisse de i Guerrieri,
Ch'erano sotto le Tebane mura,
Le insegne, i Carri, e il Diavolo, che'l porti,
Per riferir, ch'Eteocle, e Polinice
Sfidatisi correano ad ammazzarsi:
E dopo d'un racconto un'ora lungo,
D'impedir'il duello a lei diè fretta:
Così che allor, ch'andò, li trovò morti?
Niente costava a chi così descrisse
De'Principi Tebani il duro Fato;
Che se a lui in tal guisa alcuno avesse
De'Figlj suoi portato un tristo avviso,
Negli occhi avrebbe a Nunzio tal cacciati
Quanti allor per le mani avesse avuto
Versi Jambici, Bacchicataletici.

C U L I C U T I D O N I A.

Dite quanto volete: io non mi pento

E

Del

Del mio Tragico Studio; e adeſſo appunto
E' il Tempo, in cui ſi vegga il mio profitto.
Da quelle Donne Illuſtri, i di cui ſenſi
Nel legger conſumai le notti intere,
Imparerò a ſoffrir le mie ſciagure.
Oh Tutelari Dei delle Tragedie!
Voi m'inſegnate a vendicare i Figlj,
O ad unirmi in perpetuo all'Ombre amate.

ABOULCASSEM.

Oimè, Cugina, verſo noi ſen viene
Il caro Muezim tra Guardie, e ferri;
Certo ei vi vien'a dar l'ultimo Addio.
Parto, perchè tal viſta il cuor mi fiede.

Mamaluc, Culicutidonia, Muezim.

MAMALUC.

Donna?

CULICUTIDONIA.

     Guarda, che parli, o Bue Chineſe!
Dimmi Regina!

MA-

❧ LXVII. ❧

M A M A L U C.

Sì, come vi piace :
Regina : I' fono . . . . .

C U L I C U T I D O N I A.

I a una mia pari? I, ah indegno!
Cos'è queſt'I? Ti credi
Far camminar qualch'Aſino reſtìo?

M A M A L U C.

Poichè ſi parla anco alla nuova Zembla
Nell'Itala favella,
Parlar'io vi volea con nuova Cruſca,
E con termine aſſai
Nell'Itale Tragedie uſato.

C U L I C U T I D O N I A.

Or parla.

M A M A L U C.

I' fono ad eſeguir l'alto comando

Del

❊ LXVIII. ❊

Del mio Signor, che per eſtremo dono
Concede al Figlio voſtro il rivedervi,
Pria di paſſar all'ultimo ſupplizio,
Ma ben molto inferiore al ſuo gran fallo.

CULICUTIDONIA.

E qual del Figlio mio farà il deſtino?

MAMALUC.

Non quale ſi dovea ſu Palco infame,
Com'egli meritava, e il Re volea;
Ma, poichè ardì di profanar'il Tempio
Con atto così orribile, e eſecrando,
Svenato innanzi all'Are
Deve placar de'Numi offeſi l'ira.

CULICUTIDONIA.

Santi Numi del Ciel, io vi ringrazio;
Che, ſe perdo il mio Figlio, almen lo vedo
Morir con una morte da Tragedia.

MUEZIM.

Madre, voi lo ſapete, e m'inſegnaſte,

Che

❧ LXIX. ❧

Che Meneceo, Figlio a Creonte, fcelfe
Per la felicità del Ciel Tebano
Di propria man la volontaria morte;
Onde d'applaufo al nome
Dell'invitto Garzon il Mondo è pieno,
Io per la libertà del mio Paefe
La vita pofi a rifchio: al Ciel ingiufto
Non piacque fecondar'opra sì grande.

CULICUTIDONIA.

Figlio, il colpo fallì: però non refta,
Che da voi non fi fia tentata un'opra,
Di cui folo è capace un fpirto grande.
Non impedifce l'efito infelice,
Che la ventura età vi ftimi Uom forte.
Refta, che col morir da generofo
Voi coroniate i voftri giorni eftremi.

MUEZIM.

Madre, ben lo farò: troppo nojofe
Ad un Figlio di Re, quale mi nacqui,
Son le catene, e il vivere da Servo.
La Patria mia mi duol, che da un Straniero
Dominata, in me perde
Di libertà le mifere fperanze.

❧ LXX. ❧

La prifca Religion degli Avi miei
Mi ſtà nel cuor, che ſovvertita laſcio
Da Deità deformi, e riti infandi.

CULICUTIDONIA.

E' compaſſion, che non vi ſien Scrittori,
Figlio, per copia trar de'voſtri detti,
Come furo di Seneca alla morte.
Che ſi può far? Là ſovra l'alte Sfere
Tra' Semidei meglio giovar potrete
Al deſtin della Patria a voi ſì cara.

MUEZIM.

E voi, mia cara Madre, del Tiranno
Che quì reſtate a i rei foſpetti eſpoſta,
Voi pur fate crollar la mia coſtanza.

CULICUTIDONIA.

Eh de'miei caſi alcun penſier non prenda
Chi dee morir da generoſo, e forte.
Voi ben ſapete il mio coraggio, e ho ſpirto
Per ſottrarmi all'ingiurie del Tiranno.
Andate pur', o Figlio. All'altro Mondo
Saremo inſieme con perpetua pace.

MUE-

✣ LXXI. ✣

M u e z i m.

Oh che gradita nuova! oh quanto lieto
Men vado ad affrettar l'estremo Fato:
Io vado avanti, e su l'opposta riva
Della Stigia Palude
Mi fermerò, senza passar'avanti,
Attendendo contento il vostro arrivo.

C u l i c u t i d o n i a.

Non più; ve lo prometto,
Per quanti abbiam nuovi Zemblani Numi:
Andate pur.

M u e z i m.

Mia cara Madre, addio.

C u l i c u t i d o n i a.

A rivederci, Figlio: ma fermate.

M u e z i m.

Madre, che mai v'occorre?

❧ LXXII. ❧

CULICUTIDONIA.

Mi fcordai
Di dirvi qualche cofa: Non lafciate,
Pria di andar'alla morte,
Di far'il voftro complimento al Sole:
E perchè mi fovvien, che quell'illuftre
Ecuba fempre memorabil Donna
Incaricò la Figlia Poliffena
Di falutar molt'anime de'morti,
Vo' che il fimil facciate per mia parte.

MUEZIM.

Efeguirò quanto da Voi s'imponga.

CULICUTIDONIA.

Baciate in prima al Genitor la mano;
Ditegli, ch'ebbi in cuor di vendicarlo,
Ma non volle il deftin; Voi dite il refto;
Aggiugnetegli poi, che la fua Stirpe
Non manca già nel morir voftro. Tutto
Già di Tettinculuffi è pieno il Mondo.

❖ LXXIII. ❖

M U E Z I M.

Che v'occorre di più?

C U L I C U T I D O N I A.

Tenero bacio
Al Fratello Calaf di dar v'impongo,
E fu la riva egli me pure afpetti.
Ma fopra il tutto (e in grazia nol fcordate)
Ad Euripide, e Sofocle un'inchino
Fate per parte mia: dite che il Mondo
Dal cieco inganno è al fin'ufcito; e il buono
S'ufa guftar delle Tragedie Greche;
Dite lor che chiunque
Sa ben legar'undici piedi in verfo
Si ftempera il cervello a far Tragedie.
Per cercar cafi orrendi fulle Storie
Si voltan libri, e tetri quanto bafta
Chi non li può trovar, da sè gl'inventa.

M U E Z I M.

Fedele ubbidirò quanto imponete.
A Virgilio da me letto alla fcuola
Devo portar faluti?

❈ LXXIV. ❈

CULICUTIDONIA.

Sì: ma breve
Sia il complimento: Con fua buona pace
Son di lui difguftata: Ha per le mani
Il fatto di Didon, cofa che incanta,
E in vece di formarne una Tragedia
Si perde a far di verfi i libri interi,
Glielo vo'dir, fe all'altro Mondo il vedo.
Con Ecuba, e con altre in quefta Lifta
Da me notate Tragiche Perfone
La vifita appuntate fra poch'ore;
E con i noftri Numi andate in pace.

MUEZIM.

Mia Genitrice, addio. Ma vi fovvenga
Della mia Sepoltura.

CULICUTIDONIA.

Ben per quefto
Rimango in vita. Ella farà pompofa,
E verrà ad ogni cofto al Funerale
Con Strafcino, e Cappuccio ogni Congiunto.

❧ LXXV. ❧

M A M A L U C.

Al Tempio lo guidate, ove con aria
Di Religione il Re farà da Boja;
Ed egli intanto viene: io quì l'attendo.

Rutzvanscad, Mamaluc, Astrologa.

R U T Z V A N S C A D.

Mamaluc, pronto è il Sacrifizio Santo?

M A M A L U C.

Sen va all'Ara la Vittima: affannata
Verso di Noi a che mai vien l'Astrologa?

A S T R O L O G A.

Oh furor, che a chi più del suo bisogno
Il Boccale yuotò, la mente ingombri,
Tu mi conduci ancor'in questa Piazza?

M A M A L U C.

Quì a recitar pazzìe forse ritorni?

ASTRO-

❈ LXXVI. ❈

ASTROLOGA.

Pura lampa del Ciel, lucido Dìo,
Che al bel Monton di Frifo il dorfo indori,
Febo, per la tua Suora Cintia, & cætera,
Volta le terga al dì, come facefti
Nella Cena d'orror fatta in Triefte,

MAMALUC.

Che gran pazzia! Tu vuoi, che fugga il Sole?

ASTROLOGA.

Re, mio Signor, fe fede avete a quanto
Leffi un tempo fu' linici
Macerati congefti,
Ove fegnò ne' fecoli paffati
La parte più leggiera del pennuto
Della Rupe Tarpea vigil Cuftode
Con un nero atramento i fatti altrui,
Vi prego, a voi non piaccìa
Troncar di Muezim l'illuftre Tefta.

MAMALUC.

Oh gran interceffor per fimil grazia!

RUTZ-

❧ LXXVII. ❧

RUTZVANSCAD.

Perchè sì preme del Garzon la vita?

ASTROLOGA.

Più non cercate. A me il favor si doni.

RUTZVANSCAD.

Rendine la ragion.

ASTROLOGA.

                    Se ve la dico,
Han perduto il piacer gli Spettatori;
E quanto è da veder, più non si vede.
Fatelo sol per farmi grazia: fate
Tal favor più di tutto per ben vostro.

RUTZVANSCAD.

Va, che sei pazza.

ASTROLOGA.

                    Sì, se me 'l negate,
Chiamerò Microcosmi, e Minotauri,

                                        E tut-

❧ LXXVIII. ❧
E tutta la Famiglia dell'Eumenidi.

MAMALUC.

Signor, non le badate, andiamo al Tempio.

ASTROLOGA.

Fuggi dal Carr.... vò dir dal Plauſtro, o Sole,
E non illuſtrino
Tuoi raggi lucidi
Queſta sì orrenda, ed eſecrabil Terra.
Venite Acrocerauni, e Termodonti,
Microſcopj, e Biſtonij....

RUTZVANSCAD.

Oimè! che Moſtri!

MAMALUC.

Eh che coſtei non ſa quel, che ſi dica.
Andiam, Signor; ſu la ſacrata Soglia,
Per intonar le conſuete preci,
Attendendo vi ſtanno e Bonzi, (D) e Lame,

✣ LXXIX. ✣

ASTROLOGA.

Eh meglio fora
Il cantar'Inni
Alla gibbofa
Figura ftolida,
Che in Rivo-alto (d) fuo deride l'Adria.
Ahimè s'ofcura
La pura, e lucida
Lampa Febea.
Ah ch'è vicino il fulminante Giove
A mandar fuori dall'eteree natiche
Ventofità sì orribile,
Che fcompor tutto ha da'fuoi poli il Mondo
Tien ftretto, fommo altitonante Giove,
Tieni ftretto quel flato; oimè quel flato.

RUTZVANSGAD.

Mamaluc, fon confufo; un certo ignoto
Penfier m'arrefta, ed un ribrezzo interno
Par che, mentre rivolgo al Tempio i paffi,
Addietro mì rifpinga, e il moto arrefti.

MAMALUC.

Sbrigatevi, Signor, d'un Traditore,

Che

Che vi fa mal ficuro, allor che viva.
Se v'arreftan le fmorfie di coftei;
Io fon pronto a giuratvi
Che dell'Aftrologia non fa i principj.
Tante parole gonfie ha detto: e pure
Ho fatto quefta attenta offervazione
Non nominò già mai Delubri, e Tripode.

RUTZVANSCAD.

Al Tempio andiam. Guardie, Coftei non entri,

ASTROLOGA.

Itene al Sacrificio, o al reo fupplicio;
Il maledica in Tartara favella
Della Sacra Barantola fremendo
Il gran Padre immortal (*E*) Lama Lamarum.
Da quefto giorno
Vi fia venefica
Col fuo Celefte
Sale volatile
La falutare
Venduta orina (*F*)
Ah Sommo Giove! intendo, voi volete
Veder'in quefto giorno memorando
Piena di fangue, e orror la nuova Zembla:

Ma

❧ LXXXI. ❧

Ma ciò, ch'è fatto, e che fi fa, vi bafti,
Se no, per certo ha da cafcar'il Mondo,
Se mai fia, che fi veda
Comprendere due fatti una Tragedia.

Coro d'Orbi.

Quefto gran Mondo
   Fatto a rotondo,
   E' pieno folo
   Di mille inganni,
   E di malanni,
   Di mille infidie,
   Di tradimenti;
   E i gran Signori
   Co i lor tefori
   Da Traditori
   Non vanno efenti.
Chi detto avrebbe,
   Chi mai penfato,
   Che il Re affaltato
   Foffe nel Tempio?
   Queft'è una cofa
   Così moftruofa,
   Che non può farla,
   Nè men penfarla,
   Se non un'Empio.

F

Se

❋ LXXXIII. ❋

Se quei Giovani crefcevano,
  Certamente ſi facevano
  I bei fiori di virtù!
  Grazie al Ciel, e agli alti Dei,
  Che pria d'eſſere più rei
  L'han finita in Gioventù.
Nel Tempio
  Quell'empio
  Eſempio darà:
  Che ogni ſcellerato,
  Che i Numi ha ſprezzato,
  Così ſe ne va.

S E M I C O R O.

Ma che il Re di propria mano
  A coſtui con forma oneſta
  Di troncar penſi la Teſta,
  Queſta sì, che vale i beci!
  Ciò non deve farvi noja:
  Certo il Re farà da Boja;
  Ma così facean' i Greci.

Mamaluc, Rutzvanſcad, poi l'Aſtrologa.

M A M A L U C.

Viva il gran Rutzvanſcad: viva quel colpo,
F ij   Che,

❋ LXXXIV. ❋

Che, levata dal Mondo
De'Traditori la più indegna feccia,
In questo dì vi fa salvo, e Regnante.

RUTZVANSCAD.

Mio fido, egli era certo che, se ancora
Vivevano costoro, io mi covava
Due Serpi insidiose,
Per tormi a tradimento e Regno e Vita.

MAMALUC.

Questi furo precetti,
Che loro diè la disperata Madre.

RUTZVANSCAD.

Certo egli è: che due teneri Garzoni
Di tanta ferità da sè capaci
Non sono mai, senza che alcun gli attizzi.
Lode al Cielo, son morti, ed io son salvo;
Ma credi, Mamaluc, non son contento;
Tanta pietade Muezim mi mosse,
Quando lo rimirai col capo basso
Attender'il gran colpo: e allor che vidi
Fuor dell'ampia ferita uscir'il sangue,
Tutto gelossi entro le vene il mio.

MA

❁ LXXXV. ❁

MAMALUC.

Queſt'è un nobile effetto
Della voſtra magnamina pietade;
Che ſa commiſerar ſino i Nemici.
Ma già ſpediti all'altro Mondo i Figlj,
Di tutto il mal levate la cagione:
Sbrigatevi, Signor, dell'empia Madre.

RUTZVANSCAD.

Così farò, viva Confuſio; intanto
Da replicate Guardie
Nel Regio Appartamento è cuſtodita.

ASTROLOGA.

Re, mio Signor.....

MAMALUC.

Di nuovo ecco la Pazza.

ASTROLOGA.

Gran forza del deſtin!

✻ LXXXVI. ✻

MAMALUC.

Vedi, ella piagne;
Cos'è? la Luna fece il quarto in pioggia?

ASTROLOGA.

Ecco al fine adempiuti
Gli Oracoli funefti.

MAMALUC.

    E fempre in bocca
Hai le difgrazie; e di te meglio affai
Parla il celebre Vate Giri Giri.

ASTROLOGA.

Signor, fiete il mio Re: qual compaffione
Voi mi facciate, il Ciel lo fa; ma tutto
Quanto far fi dovea, fin'or s'è fatto.
Pianga la nuova Zembla:
Prendete tofto il lutto,
Pagodi, e Porcellane della China.

❀ LXXXVII. ❀

RUTZVANSCAD.

Ah ben'intendo i fenfi di coftei.
Nativa ell'è di quefta Terra, e piagne
La progenie infedel del fuo Regnante
Ne'Giovinetti fcellerati eftinta.

MAMALUC.

Per odio certo, e non per vaticinio
Coftei vi viene a prefagir difgrazie.

RUTZVANSCAD.

Dall'orecchio sbrighiam quefta funefta
Voce di Corvo; anche coftei fen mora.

ASTROLOGA.

Ciò non può darfi: egli farebbe al certo
Un de'più ftrani cafi,
Che fi foffero mai veduti al Mondo;
E voi date quant'ordini vi piace,
Debbo al voftro difpetto ftar'in vita.

✲ LXXXVIII. ✲

RUTZVANSCAD.

Perchè?

ASTROLOGA.

Feci per viver l'indovina;
Poichè tra tanti morti, ed ammazzati,
Benchè lo merti co'suoi tristi augurj
Prima d'ogn'un, ne'Tragici successi,
Ha l'Indovina questa buona sorte
Di non morir giammai. Vi riverisco.

RUTZVANSCAD.

Vada pur da noi lunge.

MAMALUC.

Eh Sire! i fatti
Presto faran veder, ch'ella è una pazza.

ALBOAZENO.

Dopo due lustri interi
Di lungo viaggio, permettete, o Sire,

Che

❈ LXXXIX. ❈

Che accreſciuto di Stati, e più di gloria
Di rivedervi ſi conſoli, e umìle
La man vi baci il fido Alboazeno.

RUTZVANSCAD.

O mio Servo fedele, il tuo ritorno
Accreſce la mia gioja in dì sì lieto.
Oh piaccia al Ciel, che della cara Spoſa,
E de'miei Figlj, più da te cercati,
Che non fu un tempo il sì famoſo Oſiri,
Qualche nuova felice a me tu porti!

ALBOAZENO.

Certo, che di notizie affatto ignaro
Io quì non giungo; non ſo dirvi poi,
Se il rapporto ſarà da voi gradito.

RUTZVANSCAD.

Parla.

ALBOAZENO.

Girai la China, ed il Giappone,
Ma ſempre in van; quando la nuova Zembla,

Seri-

❊ XC. ❊

Senza faper, che a voi foffe foggetta,
A ricercar mi moffe occulto iftinto
In fatti il Cielo fu, che mi conduffe
In quefta terra, ove della Conforte,
E della voftra fofpirata Prole
Poteffi rilevar qualche notizia.
In fomma vivi fon' i voftri Figlj,
E ignoti avanti gli occhi ognor gli avete.
Poi della Moglie intenderete il refto
Da una Donna civil, che in un Villaggio
Da quì difcofto alquanto ha il fuo foggiorno.

RUTZVANSCAD.

Alti Numi del Ciel, io vi ringrazio.

MAMALUC.

Per lo mio Re grazie vi rendo anch'io.

RUTZVANSCAD.

Ma dov'è quefta Donna?

ALBOAZENO.

Pria di tutto
Ella mi chiefe di portarfi al Tempio;

Co-

✿ XCI. ✿

Cofa, che come Donna molto pia
Pratica allor, che alla Città fen viene;
Ed ecco ch'effa appunto a noi ritorna.

Nutrice, e detti.

NUTRICE.

Che vedefte, occhi miei? come ancor vivo
A tal difgrazia, a così fiera vifta?
Morti sì crudelmente i Figlj miei!

MAMALUC.

Mifera Donna! Chi t'uccife i Figlj?
Ecco un Re giufto, e pronto a vendicarti.

NUTRICE.

Uom Chinefe, in mal punto mi guidafti
In quefte mura a rimirar la ftrage
Di cui fia eterno in me l'orrore, e il duolo.

RUTZVANSCAD.

T'accheta, o Donna, e a me rifpondi. Dimmi,
Chi fono i Figlj tuoi? Chi l'uccifore?

Nu-

✿ XCII. ✿

NUTRICE.

Quelli, che morti giacciono nel Tempio,
Perchè dal sangue mio furon nutriti,
Sono miei Figlj, e come tali gli amo.
Numi, Stelle, Destin!

MAMALUC.

         Or via da brava
Stracciati il crin, graffiati ben'il viso,
Che godran dell'antica imitazione,
E applauderan gl'Ipocondriaci, e Tragici.

RUTZVANSCAD.

Di Muezim, e di Calaf estinti
La Nutrice tu sei?

NUTRICE.

         Così nol fossi.
O forza del Destin! Figlj infelici!
Al vostro Ciel natio vi tolse il Fato,
Per condurvi a morir'in Suol straniero,
Per man del vostro natural Regnante.

RUTZ-

❃ XCIII. ❃

R U T Z V A N S C A D.

Donna, che dici? Parli
Di Muezim, e di Calaf?

N U T R I C E.

Sì certo.

R U T Z V A N S C A D,

Se di Tettinculuffo,
E Culicutidonia a lui Conforte
Nacquero que'due Prenci,
Di Suol ftranier, di Ciel natio, che dici?

N U T R I C E.

Tettinculuffo, e Culicutidonia
Genitori non fon'a i morti Prenci,
E lor Patria non è la nuova Zembla.
Con la lor morte celo in van l'arcano,
E fon de'Dei dalle minaccie affolta.
De'morti Figlj miei Patria è la China.

RUTZ-

❊ XCIV. ❊

RUTZVANSCAD.

Oimè! qual freddo orror corre per l'offa?

MAMALUC.

Se dice il ver, fento turbarmi anch'io.

ALBOAZENO.

Il tutto intefi: oh Tragico fucceffo!

RUTZVANSCAD.

Come ciò fai? D'onde i Fanciulli avefti?

NUTRICE.

In brevi note vi racconto il tutto:
Un'ora pria del dì, fono tre luftri,
Che fvegliata fentii nell'Orto mio
Di due Bambini i teneri vagiti.
Io ftupia nel faper, che di mia mano
Chiufo molt'ore pria ne avea l'ingreffo;
E in verità credei, che foffe l'Orco.
Ma fattomi coraggio, e rifvegliata

L'An-

XCVI. ❋

L'Ancella, accefo il Lume di Cucina,
In compagnia di lei nell'Orto fcefi.
Vidi allor Donna di matura etade,
Ma però di bellezza, e portamento
Al certo fovrumano; e quello ancora,
Che fea ftupor', aveva l'ali al fianco.
Veduto il mio timor, con dolci accenti,
Donna, che temi? diffe: a me t'accofta;
E i vaghi Figlj mi ripofe in braccio.

R U T Z V A N S C A D.

Mamaluc, io refpiro. I Figlj miei,
Quefti non fono già; pofciach'è certo,
Che giammai non fpofai Donna con l'ali,
Che ti diffe di più?

N U T R I C E.

Donna, mi diffe,
Quefti, che fon miei Figlj, a te confegno:
D'Uomo terreno nella China nato,
E di Stirpe fublime, a me congiunto
In ftretto grado, volli effer Conforte,
Perchè non fon tenuta a leggi umane.
Ma per giufti riguardi
Donna mortal mi finfi, ed ebbi a un parto

Ge-

Gemelli ſventurati i Pargoletti.
Ma non lo taccio : il Matrimonio mio
Divenne odioſo agli Uomini, e agli Dei.
Forza d'un rio deſtin, che a'ſuoi comandi
I Genj, d'onde nacqui, vuol ſoggetti,
Mi leva per mia pena a i cari Figlj:
Ma più minaccia a queſti sfortunati
Per man del loro Genitor la morte.
Per veder di ſottrarli al crudo Fato,
Sfuggo il Ciel della China a lor fatale,
E i cari pegni alla tua fè commetto.
Con la cura fedel d'eſſi obbligarti
Puoi con la Primavera, e l'Equinozio
Tutta, quant'è de'Genj, la Famiglia.
Abbine cura, e taci: che, ſe parli,
Non men tu, che l'Ancella,
Penſateci, co'Genj a far'avrete:
E laſciata peſante Borſa d'Oro,
Sparve ſu l'ali, nè mai più la vidi.

RUTZVANSCAD.

Come? la Primavera, e l'Equinozio,
La Famiglia de'Genj? Ah ſiegui, o Donna;
Com'ebbe quei Fanciulli il Re Tiranno?
E come mai creder li fè ſuoi Figlj?

❊ XCVIII. ❊

NUTRICE.

Li vide il Re, mentr'era un giorno a Caccia,
E molto s'invaghì di lor bellezza.
Poscia mandò di notte a me un'Espresso,
Perchè a lui consegnassi i due Bambini.

RUTZVANSCAD.

Ed a qual fin?

NUTRICE.

              Perchè la stessa Notte
Due suoi Figlj di spasimo eran morti.
Egli, che amava molto la Consorte,
Fresca allora del Parto, & indisposta,
Temendo, che per duol dell'accidente
Sollevati dall'utero alla gola
I vapor matricali,
Gli togliessero a un tempo anco la Moglie,
La stessa notte al mal pose rimedio,
Col cambiar nella Culla i due Fanciulli,
E alla sola Nutrice, e a me, obbligate
Al silenzio, fu noto il cambiamento;
E per mancanza poi di maschil prole
L'accorto Re correr lasciò l'inganno.

RUTZ-

✣ XCIX. ✣

R U T Z V A N S C A D.

Ma come poi nel volto de'Fanciulli
Alla Madre, e alle Donne della Corte
Il cambiamento non apparve?

N U T R I C E.

Io certo
Nol faprei dir : ftato farà un'incanto ;
Perchè alle doti di quell'Uom iniquo
Quella ancor'aggiugneafi : era un Stregone.
So che chi ricevè da me i Fanciulli,
Sotto fembianze umane era uno Spirto.

R U T Z V A N S C A D.

Neffun Foglio lafciò la Donna alata?

N U T R I C E.

Far lo volea, e mel diffe; ma, cambiato
Penfier, mi diè fue commiffioni in voce :
Perchè nelle Tragedie all'ufo antico
Par non vi fia di Lettere il coftume.

MA-

✳ C. ✳

MAMALUC.

Che fcrupoli! Una Lettera, ch'io vidí
Non è gran tempo, al Re Scita Toante
Ha fcritto pur Strofilo Re Focefe.

RUTZVANSCAD.

Dimmi, in che fafcie eran rivolti i Figlj?

NUTRICE.

Eccone un pezzo, ch'io confervo ancora;
E quefto è il Drappo, dov'erano involti.

RUTZVANSCAD.

Oimè! della mia Cafa ecco l'infegna:
Ecco il giallo color, e i Draghi d'oro,
Che nella China ufar'altri non puote.

NUTRICE.

E fe di più volete, quell'Anello;
Che dallo Spofo il giorno delle Nozze
Ebbe in pegno di fè la Donna alata,

Mi

Mi confegnò; poi diffe, che il fuo Nome
Cominciava per K, per I finìa.

M A M A L U C.

Oh quefta sì, ch'è inufitata, e ftrana!
Una ricognizion per Alfabeto!

R U T Z V A N S C A D.

Kereftani. Che più? da mille prove
Della fciagura mia già certo fono.
Monti, Furie, Nettuno, Giove, Mari,
Udifte mai più orribile fucceffo?
Sposò la Madre, uccife il Padre, Edippo;
Fè il fimil, ma co'Figlj, il nuovo Uliffe;
E il nuovo Rutzvanfcad fvenò la prole;
E quel, ch'è peggio, e da che Mondo è Mondo
Non s'è udito mai più, fposò fua Nona.

A L B O A Z E N O.

Signor, vedete il Re precipitofo
Come va nella Reggia? Ah lo feguite!

M A M A L U C.

Vado tofto : oh che cafo ! oh che gran cafo !

❖ CII. ❖

A L B O A Z E N O.

Te lo perdoni il Protettor (*G*) Chinefe,
  Donna, s'ora hai piantata una Carota.

N U T R I C E.

Quanto diffi con prove ho confermato.

A L B O A Z E N O.

Ma una gran cofa, che quei due Bambini
  Crefciuti fieno fopra i quindeci anni,
  Senza faperfi, nè parlarfi mai,
  Che del voftro Tiran non eran Figlj.

N U T R I C E.

Ella è così : di più non faprei dirvi.
  S'uno fpirto di notte al Re portolli,
  Effer può, che il Silenzio fia un'incanto;
  Ed effer può, che come pur'io ho fatto,
  Altri per la paura abbia tacciuto.
  Mifero, chi il Tiranno difguftava,
  E con Tettinculuffo a far'aveva.
  Per altro, lui crepato, il tutto ho detto,
  E i Genj, e lor minaccie ho in quel fervizio.

A L-

✱ CIII. ✱

A L B O A Z E N O.

Ma ancor su qualche cosa v'è il suo dubbio.

N U T R I C E.

Oh che tedio ! Credete , che sia questa
Una Tragedia da cercarvi dentro
Le regole dell'Arte? Or sì, v'attendo.
Vado al Tempio a ripor dentro la Barra,
Ed a lavar col pianto i Corpi amati;
Poi dal Notajo; e fatto Testamento,
Corro a Casa in un tratto ad ammazzarmi.

A L B O A Z E N O.

Se il mio Signor fa qualche precipizio,
E' impossibile certo,
Che mi trattenga d'ammazzarmi anch'io.

Coro d'Orbi.

S E M I C O R O.

Che vi par del Matrimonio,
Che già fece il nostro Rè?

Tut-

❈ CV. ❈

Al cofpetto del Demonio
  Simil mai non fu, nè v'è.
Perchè bello era il Nipote,
  In Conforte a lui s'unì,
  Senza fpefa della Dote
  La gentil Kereftanì.
S'ella apparve qual non era
  Giovinetta, e affai più bella,
  Vo penfando, in che maniera
  S'abbia finto ancor (H) Donzella.
Si fè Cerva per amore
  Del primier Rutzvanfcadone;
  E per Rutzvanfcad Juniore
  Il Marito fè caprone.

SEMICORO.

Non occorre che difgrazie
  Per dir mal alcun s'inventi,
  Donna fu, che di fue grazie
  Diftinzion fece a i Parenti.
Ma ragion di difperarfi
  Non ha tanta il noftro Rè.
  Cafo egli è, di cui gloriarfi
  Ei dovrebbe per mia fè.

Anzi

❋ CVI. ❋

Anzi a i pregi rari, e tanti,
 Onde il grande Eroe s'adorna;
 Questa aggiunga, e se ne vanti,
 Che a suo Nono ei fè le Corna.

Alboazeno, Mamaluc.

ALBOAZENO.

Oimè, Signor, perchè col Re non siete?

MAMALUC.

Raggiugner nol potei; corse qual Daino
All'intima sua Stanza, e là si chiuse.

ALBOAZENO.

Ch'egli non faccia qualche precipizio!

MAMALUC.

Alboazeno mio, sai tu che in capo
Mi fai venir qualche pensier molesto?
Poichè al Re fu donato un certo Libro,
Che si chiama Poetæ Græci veteres,
Tutto pieno d'orribili successi.

Ei

✿ CVII. ✿

Ei lo leſſe, gli piacque, e molte fece
Rappreſentar di quelle tetre azioni;
Ed ei vi fece applauſo; ed altri pure,
Per compiacer al Re, fece lo ſteſſo.
Ma quel, ch'è peggio, d'indi in poi l'ho udito
Molto lodar chi per ſottrarſi a i danni
D'un'avverſo Deſtin ſi diè la morte.

ALBOAZENO.

Gli tolga il Ciel queſto penſier dal capo.
Ma certo avvenne a lui ciò, che par ſogno,
Un figlio trucidar, ſpoſar ſua Nona.

MAMALUC.

Son di Kereſtanì queſte prodezze.

ALBOAZENO.

Ma a dir'il ver, mi ſembran tante favole.
Si fa giovine, e bella a ſuo talento;
E una Genia, qual'è, che vuol dir coſa
Sovrumana, non ſa ſalvar'i Figlj?

MAMALUC.

Eh taci, caro tu. Non ſai che i Genj

Non

❧ CVIII. ❧

Non vengon vecchj, e cangianfi a fuo modo?
Ma del Deftin convien foffran le leggi,
E le offervino più, che non offerva
Il fuo Ceremonial chi vive in Corte.
Dall'Avo Rutzvanfcad lunge dieci anni
La fè ftare il Deftin, e fu obbedito:
E fe cerchi di più, prendi per mano
Le Novelle Perfiane, e farai pago.

ALBOAZENO.

Nulla dico di più. Ma, Ciel, che miro?
Senza Manto, e Cimiero, in perucchino
Il Re verfo noi viene, ed una Guardia
Lo guida a mano.

MAMALUC.

Oh Ciel! qualche fciagura!

Rutzvanfcad, e detti.

RUTZVANSCAD.

Siete quì, Mamaluc, Alboazeno?

MA-

✽ CX. ✽

M A M A L U C.

Siam quì, Signor

R U T Z V A N S C A D.

Sentite,
Or che mi son privato
Della luce degli occhi, io sento al core
Qualche respiro; anzi un sollievo tale
Qual, se la Cioccolata avessi presa,
O in prezioso liquor fatta una Zuppa.

M A M A L U C.

Ah mio Signor! perchè sì gran trasporto?

R U T Z V A N S C A D.

Sembrano pazzi Edippo, e il nuovo Ulisse,
Che si sono acciecati; e pure è falso.
Nessun meglio di me sa a'disgraziati
Quanto sollievo sia cavarsi gli occhi.
Non si vede così quel Ciel maligno,
Quelle Stelle sì avverse, e que'tant'altri
Oggetti tormentosi di dolore.

M A-

❄ CXI. ❄

M A M A L U C.

Ah mio Signore ! in sì infelice stato
D'un gran dolor certo mi siete oggetto;
Ma dite : come mai, senz'alcun segno
Di cecità, voi diveniste cieco?

R U T Z V A N S C A D.

Nell'infocato argento
Fissai le luci, e dal riflesso asciutto
S'è l'umor'acqueo, onde vestigio alcuno
Di cecità non v'è, ma più non vedo.

M A M A L U C.

Manco mal fu che non vi venne in mente
Delle fibbie da Scarpa, oppur del cinto
D'immergervi le punte in mezzo agli occhi:
Come appunto fè Edippo, e nientemeno
Inferior'esser volle Ulisse il Giovine.
Così quel gran dolor voi non sentite,
E non fate spettacolo sì orrendo.

R U T Z V A N S C A D.

Ah mio fido, che dici? Anzi per questo

Ve·

❊ CXII. ❊

Vedi, fe fono in odio a'Sommi Dei:
Mi tolfero il giudizio, acciò perdeffi
Il piacer d'acciecarmi more tragico.
Certo il Deftin s'è fatto a me nemico;
Ma faprò ben deridere i fuoi sdegni,
E 'l mortificherò, fin ch'ei ne frema
Di vergogna, e dolor.

MAMALUC.

      Come farete
Queft'ingiuria al Deftin?

RUTZVANSCAD.

      Con ammazzarmi.
Guidami, Mamaluc, alle mie Stanze.

MAMALUC.

Alle Stanze, Signor, pronto vi fervo;
Ma non perchè v'abbiate a tor la vita.

RUTZVANSCAD.

No, mio fido, così viver non voglio,
Vo'riunirmi a i fventurati Figlj,

            Ma

❧ CXVIII. ❧

CULICUTIDONIA.

Non fu efpofto alle Fiere, quafi foffe
Adulterin di Quetlavacca il Figlio?

MAMALUC.

Sì, ma tre giorni dopo un Bonzio venne
Da parti affai remote, uom caro a i Dei,
Che fcoprì ad Arafchid l'iniqua trama.
Fu fubito impiccato l'impoftore,
E ricercoffi del Bambin, che intanto
Da bianca Cerva fi nutria col Latte,
Qual ne diede l'Uom Sacro il contraffegno:
E quefti è il mio Signor da voi trafitto.
Si cercò della Madre, ma quel Scoglio,
Ove fu abbandonata, aveano l'acque
Tutto coperto, onde finì fua Vita
Fra vortici fpumofi,
Efca de' Pefci l'innocente Donna.
Pafsò quindi Arafchid a nuove nozze
Sei volte, e fei ; però da tante Mogli
Non puote aver giammai fecondo il Letto.

CULICUTIDONIA.

Ah non più, Mamaluc. A te obbligata

Quet-

✣ CXIV. ✣

ALBOAZENO.

Ah Signor ! Eh che sì che il Re l'ha fatta!

MAMALUC.

Tosto di bianco schietto ite a vestirvi,
Chinesi tutti : Rutzvanscad è morto.

ALBOAZENO.

O mio caro, e buon Re, certo ei s'uccise;
Ma come, voi Signor, nol trattenesse?

MAMALUC.

Ei non s'uccise già : m'era sortito
Anzi levargli quel pensier di capo.
Nell'aperta Ringhiera
Mentre passando a caso io procurava
Di porre in calma il fiero suo dolore,
Dall'alto delle Stanze, ove guardata
E' Culicutidonia, un dardo venne,
Che di sua man vibrò la fiera Donna,
Con colpo tanto certo, che al Regnante
Da un canto all'altro trapassò la gola;
E immediate morto a terra cadde.

AL-

❧ CXV. ❧

ALBOAZENO.

O maladetta, fcellerata Donna!
Chiamiam tutti i Chinefi a trucidarla.

MAMALUC.

Eh sì : grida dall'alto, e tutta all'armi
Richiama, e alla primiera
Sua ferocia natìa la nuova Zembla.
Tutto il Popolo armato
Di ciò, che il cafo in man gli porfe, è accorfo
Della beftial Regina alla difefa.
Non oftante il dolor, che quafi tratto
M'ha fuori di me fteffo, è forza, ch'io
Quì refti a trattener'in quefta Piazza
Le noftre Genti alla difefa pronte,
Se quefta Plebe nuove cofe tenta.
Tu vanne alla Ringhiera.
Della tua fè per ultimo efercizio
Ufa affiftenza all'infelice corpo.

ALBOAZENO.

Vado : il caro, ed eftinto mio Signore
Seguiterò a fervir, con ammazzarmi.

H ij   Cu-

✢ CXVI. ✢

Culicutidonia, Aboulcaffem, Mamaluc.

CULICUTIDONIA.

D'Aovrum Arafchid rampollo indegno
  Cadefti pur; fon vendicati i Figli,
  E il buon Marito, a'quali
  Togliefti e Regno, e Vita; e già fon paghi
(Giacchè il Ciel mel vietò nel Padre ingiufto)
In te, Tiran, che la forgente avefti
Da quel barbaro fangue, i sdegni miei.
Cugino, altro che Merope fon'io,
Che Didon, che Semirami, e Tomiri.

ABOULCASSEM.

Siete la maggior Donna, che vi fia
Fra quante furo mai Donne del Mondo,
D'ogni maggior'applaufo meretrice.

CULICUTIDONIA.

T'accofta, Mamaluc : un'uom dabbene
So che tu fei; perciò quella Clemenza
Fia che a riguardo tuo quefti Chinefi
Ricevano da me, qual tu non fperi.

So

❀ CXVII. ❀

So che fenza interefse, e ambizione
Sempre piegaro al bene i tuoi configli;
Ma fopratutto fo con quanta forza
Preffo Arafchid il barbaro Marito
Dalla nera calunnia difendefti
L'innocente Regina Quetlavacca.

MAMALUC.

Mifera innocentiffima Regina!
Se in quefto dì viveffi; ah che direfti,
Nel rimirar trafitto
Da mano femminil l'invitto Figlio?

CULICUTIDONIA.

Che dici, Mamaluc? Scuopri l'arcano;
Chi fon di Rutzvanfcad i Genitori?

MAMALUC.

Figlio ei fu d'Arafchid, e Quetlavacca,
Prole del gran Signor delle Molucche,
Ripudiata, e tradita per inganno
Del falfo Mandarino Quantumcumque.

✣ CXVIII. ✣

C U L I C U T I D O N I A.

Non fu espofto alle Fiere, quafi foffe
Adulterin di Quetiavacca il Figlio?

M A M A L U C.

Sì, ma tre giorni dopo un Bonzio venne
Da parti affai remote, uom caro a i Dei,
Che fcoprì ad Arafchid l'iniqua trama.
Fu fubito impiccato l'impoftore,
E ricercoffi del Bambin, che intanto
Da bianca Cerva fi nutria col Latte,
Qual ne diede l'Uom Sacro il contraffegno:
E quefti è il mio Signor da voi trafitto.
Si cercò della Madre, ma quel Scoglio,
Ove fu abbandonata, aveano l'acque
Tutto coperto, onde finì fua Vita
Fra vortici fpumofi,
Efca de'Pefci l'innocente Donna.
Pafsò quindi Arafchid a nuove nozze
Sei volte, e fei: però da tante Mogli
Non puote aver giammai fecondo il Letto.

C U L I C U T I D O N I A.

Ah non più, Mamaluc. A te obbligata

Quet-

❋ CXIX. ❋

Quetlavacca fon'io ;
Foſſe piaciuto al Ciel da'flutti eſtinta.
Del Re nuovo Zemblano ivi paſſando
Mi raccolſe una Nave, ed al Regnante
Offerta in don, celai miei triſti caſi.
Giapponeſe mi finſi, e in quel cambiai
Di Culicutidonia il Nome mio.
Quì divenni Regina, Moglie, e Madre ;
Ma a qual deſtin crudel, voi lo vedete :
Muezim, e Calaf per me ſon morti ;
E Rutzvanſcad mio caro Figlio ucciſi.
Cugin, ſentite. Il primo dì, ch'io nacqui...

A B O U L C A S S E M.

Eh mia cara Cugina !

C U L I C U T I D O N I A.

No, fermate,
Nè interrompete al mio dolore il corſo.
Voglio farvi ſentir, che in ogni etade,
E fin della mia vita in ogni giorno ;
Ma che? in ogn'ora : peggio,
In tutti li momenti ebbi ſventure :
Da Fanciulla, da Vergine, e da Spoſa,
Da Parto, poi da Vedova ; non dico
Quanto furono a me le Stellè avverſe !

✿ CXX. ✿

E tanta roba recitar volete?

C U L I C U T I D O N I A.

In un Tragico cafo di tal forta
Volete, che qual meco voi facefte;
Scufate, incivilmente, e fenz'amore
Sbrighi la mia fciagura in due parole?
E' una Tragedia triplice : onde è giufto,
Che del mio duol sì lungo fia lo sfogo,
Che il fimile non abbia
Tragedia alcuna o Greca, o Italiana;
Perciò vo'cominciar dal dì, che nacqui.

A B O U L C A S S E M.

Gran Tragedie ! Di ben fe arriva un lampo,
Si sbriga in due parole; e fe fi tratta
Di parlare del mal, non baftan ore.

C U L I C U T I D O N I A.

Ma fentite, fentite:
Non comincian da me le mie fciagure.
L'eredità dell'infelice Madre....

A B O U L-

✣ CXXI. ✣

ABOULCASSEM.

Eh sì dell'Ava!

CULICUTIDONIA.

     E quì pur mi fchernite,
Quafi fenza ragion foſſe il mio duolo?
E queſta pure è una diſgrazia. Paggio,
Vanne alle Stanze mie, prendi quel Libro
Sul Tavolin'al Letto mio vicino;
Quì lo porta. E' la Merope Italiana.
Vedrete là s'io mento, e ſe con forza
Piagneano i Figli lor le Madri Greche.
Per accreſcer'oggetti al ſuo dolore,
Vedrete richiamare alla memoria
Sino del Figlio i puerili giuochi,
Ch'eſſer doveano il Trottolo, e il Pandolo.

ABOULCASSEM.

Quì ciaſcuno s'unì per compatirvi:
Ma per tedio di recita sì lunga
Temo, che dalla Piazza ogn'un ſi levi,
E che reſtiate a diſputar quì ſola.

Cu-

❧ CXXII. ❧

CULICUTIDONIA.

Vadano. Se fi ferma, e 'l farà certo,
Un fol, che fi diletti di Tragedie,
Quefto mi bafta; altra pietà non curo.

ABOULCASSEM.

Oh venite a dolervi entro la Reggia.

CULICUTIDONIA.

Se alcun voleffe regiftrar gli sfoghi.
Del mio duol, non faprà quel, ch'abbia detto.

ABOULCASSEM.

Son pronto a regiftrarli; e, fe volete,
Di tutti quefti fatti
Io troverò chi formi una Tragedia.

CULICUTIDONIA.

E daraffi alle ftampe?

ABOUL-

✳ CXXIII. ✳

A B O U L C A S S E M.

A me lafciate
Quefto penfier.

C U L I C U T I D O N I A.

E fe all'autor fpiaceffe.

A B O U L C A S S E M.

Si ftamperà, dica che vuol l'autore,
Tal licenza Poetica fi fpaccia
Con libertà dove lo sò ben io.

C U L I C U T I D O N I A.

Oh adeffo sì vedo che voi mi amate,
Quaì deve un buon Cugin. Perchè compiuta
Sia la Tragedia, io vado ad ammazzarmi,
E lafcio voi Signor di quefto Regno,
Come al Marito mio maggior Congiunto;
Ma il teforo più bello, e più gradito,
Ch'ebbi in mia vita, in voftra man affido,
Che ben ne meritate effer'erede:
Le Tragedie di Euripide fmarrite,

Ch'al-

❄ CXXIV. ❄

Ch'altri non vide mai, che qualch'Uom dotto
Ricuperar vorrebbe a peſo d'oro,
Stampate anticamente
In tartaro latin, ſono in mia mano.
Cuſtoditele : ſien di voſtra Caſa
Fideicommiſſo, e nobil ornamento.

Aboulcaſſem, Mamaluc.

Á B O U L C A S S E M.

Oh maladette ſien queſte miniere
   Di ree carnificine, e mali augurj,
   C'han reſi familiari i loro errori
   Dell'Auſonia, e dell'Adria al dolce genio.

M A M A L U C.

Mentre voi maledite le Tragedie,
La Regina fa qualche precipizio.
Accorrete, Signor, che non s'uccida.
Ditele ancor, che i due Giovani eſtinti,
Muezim, e Calaf, non ſon ſuoi Figli.

A B O U L C A S S E M.

Taci, ch'alcun non ſenta, e gliel rapporti.

❧ CXXV. ❧

Poveri noi! se sa, che suoi Nepoti
Son questi, e Figli suoi son morti in Cuna,
Torna da capo, e più non la finisce.
Vado intanto a veder, se l'ha finita
Con l'ammazzarsi, onde mi resti il Regno.

parte.

M A M A L U C.

Il Regno a te del mio Signor conquista?
Non, finchè Mamaluc ha l'armi in mano,
All'Impero Chinese egli è soggetto:
E farà di colui, su cui il decreto
Caderà de'dottissimi (I) Colai.
Nella mia man ho le Fortezze, e l'Armi;
Ed a chi s'opporrà, saprò far testa.

A B O U L C A S S E M, CHE SOPRAVVIENE.

In questo punto la Regina è morta,
Ed a tempo arrivai,
Onde qual fu, posso narrarvi il fatto.

M A M A L U C.

Come succeffe mai?

A B O U L -

❊ CXXVII. ❊

ABOULCASSEM.

          Voi ben fapete
Che nelle Regie Stanze
Un largo, e profondiſſimo Condotto,
Di fina Porcellana adorno tutto,
Sotto di cui rapido corre il Fiume,
Fe fabbricare il Re Tettinculuffo,
Per ivi fcaricare con grandezza
Tutta la puzzolente Maeſtade
De'Regj Sereniſſimi eſcrementi;
Là con rapido falto,
Nel punto che arrivai, depoſti i Cerchi,
Precipitò la miſera Regina;
Ed a queſt'ora del rapido Fiume
Negli Archi fotterranei ella è già morta.

MAMALUC.

Di Culicutidonia degna morte!

ABOULCASSEM.

In tanto io Re, e Signor di queſto Regno,
Popoli, e Grandi all'obedienza chiamo.

                                        MA-

❉ CXXVIII. ❉

MAMALUC.

Fermate un poco : Re farete allora,
Che della China lo dirà il Senato,
Di cui foftento, morto il Re, le veci,
E dove in breve fpedirò un'efpreffo.

ABOULCASSEM.

E di China, e d'Efpreffi, e di Senato
Non vo'faper. Al morto Re Congiunto
Son più degli altri, ed a me tocca il Regno.

MAMALUC.

Sì, quando il Re Chinefe
Non l'aveffe acquiftato in giufta guerra.

ABOULCASSEM.

Il Re Chinefe Rutzvanfcad è morto.

MAMALUC.

Ma l'Impero Chinefe è ancora vivo;
E voi come ribelle, ad un bifogno
Sovra un Palco la tefta lafcierete.

ABOUL

❀ CXXIX. ❀

ABOULCASSEM.

Ah temerario ! A me così fi parla?

MAMALUC.

Io con l'autorità del mio Senato
Così favello.

ABOULCASSEM.

Ed io con tutto quefto
Popol'a me fedel nuovo Zembiano,
Che vo'regnar, con libertà rifpondo.

MAMALUC.

Ed io con le Milizie della China
Vi manderò a Pekin con Guardie, e ferri.

ABOULCASSEM.

Nol poffo più foffrir : Popoli, all'armi.

MAMALUC.

Queft'è fuperchieria. Nel Campo Marzio

I   La-

❧ CXXX. ❧

Lafciate ch'io raccolga i miei Soldati;
E voi col voftro Popolo venite;
E allora poi potrem vederla bella,
Giacchè non può fchivarfi un fatto d'Armi.

A B O U L C A S S E M.

Accetto la disfida, e al Campo Marzio
Con una Catapulta in man t'afpetto.

M A M A L U C.

Non perdo tempo. A noi, Soldati. Andiamo.

❀ CXXXII. ❀

Rimasta la Scena vuota, quando l'Udienza faccia molto rumore, chiamando fuori gli Attori, e battendo, esca il Suggeritore con la Carta in mano, e col Cerino; poi dica i seguenti versi:

Uditori, m'accorgo, che aspettate,
Che nuova della pugna alcun vi porti;
Ma l'aspettate in van: Son tutti morti.

Fine della Tragedia.

Annotazioni corrifpondenti alle lettere fegnate
nella prefente Tragedia.

A *Monti altiffimi, ed orridi della China.*

B *Supplicef. Trag. Euripid.*

C *Eurip. Phæniffæ.*

D *Sacerdoti Chinefi, e Tartari.*

d *Statua rapprefentante il bufto d'un Gobbo, pofta allì Portici di Rialto.*

E *E' il Sommo Sacerdote venerato da' Tartari, e nella China, dappoi che la Cafa de' Tartari ne divenne Padrona: rifiede in Barantola, e vien da' fuoi Sacerdoti pubblicato immortale. Khirkerii. China illuft.*

F *I Lame Sacerdoti Tartari vendono a caro prezzo, come Sacra, e falutare, in bottoncini d'oro, l'Orina del Lama Lamarum. Ex Khirkerio.*

G *Idolo de' Chinefi, chiamato Protector Sinicus. Leg: Bat:*

H *Novelle Perfiane.*

I *Senatori della China.*

———————————————

IN VENEZIA,

Pubblicato il dì 29. Maggio 1737.

❧ CXXXIV. ❧

Libri Stampati da Giuseppe Bettinelli Librajo in Merceria all'Insegna del Secolo delle Lettere in Venezia.

Acta Sanctorum Ordinis Sancti Benedicti , auctore R. P.° Jo: Mabillon fol. vol. 9. ne sono usciti sin'ora tomi 5. e si paga dagli associati L. 24. per tomo in carta grande , e compita la Società sì pagherà L. 36. in carta piccola costa per ora tutto.   L. 216.

Collegium Universi Juris Canonici auct. Lodovico Eugel , cum Manuale Parochorum fol. vol. 2.   L. 11.

Historia Persecutionis Vandalicæ S. Victoris Vitensi Episcopi. Opera & studio D. Theodorici Ruinart 4. L. 7.

Historia Reipublicæ & Imperii Romanorum ab Urbe condita ad ann. urbis 722. G. N. Nieupoort 8. vol. 2. fig.   L. 8.

Christophori Cellarii Ortographia Latina ex Vetustis monumentis hoc est nummis &c. 8.   L. : 15.

Quaresimale del R. P. Carlo della Rue della Compagnia di Gesù tradotto dal Francese 4.   L. 5.

Vita di S. Pietro Orseolo Doge di Venezia , dell'Abate Grandis Monaco Camaldolense 4. fig.   L. 3.

Opere Drammatiche del Sig. Abate Pietro Metastasio Poeta Cesareo in 4. volumi 4.   L. 88.

Il tomo quarto separato.   L. 8.

Opere Drammatiche del Sig. Abate Pietro Metastasio Poeta Cesareo in 12. vol. 3.   L. 7.

Ciro Riconosciuto Dramma del sudetto in 4. separato.   L. I. : 10.

Achille in Sciro Dramma del sudetto in 4. separato.   L. I. : 10.

Bet-

❈ CXXXV. ❈

Bettulia Liberata azzione facra del fudetto 4. *fepara-*
ta.   L. 1.

Gioas Re di Giuda azzione facra del fudetto 4. *fepara-*
ta.   L. 1.

Tre Fefte Teatrali del fudetto in 4. *feparato.*   L. 1.

Mezzi di afficurare la fua falute e difporfi ad una fanta
morte, che ferve di norma anche a quelli che affiftono
a moribondi, 8. *vol.* 2. *tradotti dal Francefe.*   L. 3.

Rittiramento Spirituale per otto giorni coll'efame di co-
fcienza 8. *vol.* 2.   L. 3.

La Bogocceide Sonetti in Lingua Veneziana dal Sig. San-
to Bagozzi in 12.   L. : 15.

Il Teatro dell'Amore e della Fortuna di Madamigella Bar-
bier 12.   L. 1.

Novelle Storiche ed Amorofe 12.   L. 1. : 5.

Il Rutzvanfcad Tragedia 8. *fig.*   L. 6.

Detta in carta Turchina con Rami cinabrio 8.   L. 8.

Sotto il Torchio.

Mabillon Præfationes & Differtationes fol.

Nieuport Rituum Romanorum explicatio in 12. *cum adi-*
tionibus.   L. 1. : 10.

Metaftafio opere tomo quarto in 12.   L. 2.

Music and Books published by Travis & Emery Music Bookshop:

Anon.: Hymnarium Sarisburense, cum Rubris et Notis Musicus
Agricola, Johann Friedrich from Tosi: Anleitung zur Singkunst. (Faksimile 1757)
Bach, C.P.E.: edited W. Emery: Nekrolog or Obituary Notice of J.S. Bach.
Bateson, Naomi Judith: Alcock of Salisbury
Bathe, William: A Briefe Introduction to the Skill of Song
Bax, Arnold: Symphony #5, Arranged for Piano Four Hands by Walter Emery
Burney, Charles: The Present State of Music in France and Italy
Burney, Charles: The Present State of Music in Germany, The Netherlands ...
Burney, Charles: An Account of the Musical Performances ... Handel
Burney, Karl: Nachricht von Georg Friedrich Handel's Lebensumstanden.
Cobbett, W.W.: Cobbett's Cyclopedic Survey of Chamber Music. (2 vols.)
Corrette, Michel: Le Maitre de Clavecin
Crimp, Bryan: Dear Mr. Rosenthal ... Dear Mr. Gaisberg ...
Crimp, Bryan: Solo: The Biography of Solomon
d'Indy, Vincent: Beethoven: Biographie Critique
d'Indy, Vincent: Beethoven: A Critical Biography
d'Indy, Vincent: César Franck (in French)
Frescobaldi, Girolamo: D'Arie Musicali per Cantarsi. Primo Libro & Secondo Lil
Geminiani, Francesco: The Art of Playing the Violin.
Handel; Purcell; Boyce; Geene et al: Calliope or English Harmony: Volume First
Hawkins, John: A General History of the Science and Practice of Music (5 vols.)
Herbert-Caesari, Edgar: The Science and Sensations of Vocal Tone
Herbert-Caesari, Edgar: Vocal Truth
Hopkins and Rimboult: The Organ. Its History and Construction.
Hunt, John: Adam to Webern: the recordings of von Karajan
Isaacs, Lewis: Hänsel and Gretel. A Guide to Humperdinck's Opera.
Isaacs, Lewis: Königskinder (Royal Children) A Guide to Humperdinck's Opera.
Lacassagne, M. l'Abbé Joseph : Traité Général des élémens du Chant.
Lascelles (née Catley), Anne: The Life of Miss Anne Catley.
Mainwaring, John: Memoirs of the Life of the Late George Frederic Handel
Malcolm, Alexander: A Treaty of Music: Speculative, Practical and Historical
Marx, Adolph Bernhard: Die Kunst des Gesanges, Theoretisch-Practisch
May, Florence: The Life of Brahms
Mellers, Wilfrid: Angels of the Night: Popular Female Singers of Our Time
Mellers, Wilfrid: Bach and the Dance of God
Mellers, Wilfrid: Beethoven and the Voice of God
Mellers, Wilfrid: Caliban Reborn - Renewal in Twentieth Century Music
Mellers, Wilfrid: François Couperin and the French Classical Tradition

Travis & Emery Music Bookshop
17 Cecil Court, London, WC2N 4EZ, United Kingdom.
Tel. (+44) 20 7240 2129

Music and Books published by Travis & Emery Music Bookshop:

Mellers, Wilfrid: Harmonious Meeting
Mellers, Wilfrid: Le Jardin Retrouvé, The Music of Frederic Mompou
Mellers, Wilfrid: Music and Society, England and the European Tradition
Mellers, Wilfrid: Music in a New Found Land: ... ... American Music
Mellers, Wilfrid: Romanticism and the Twentieth Century (from 1800)
Mellers, Wilfrid: The Masks of Orpheus: ...... the Story of European Music.
Mellers, Wilfrid: The Sonata Principle (from c. 1750)
Mellers, Wilfrid: Vaughan Williams and the Vision of Albion
Panchianio, Cattuffio: Rutzvanscad Il Giovine
Pearce, Charles: Sims Reeves, Fifty Years of Music in England.
Playford, John: An Introduction to the Skill of Musick.
Purcell, Henry et al: Harmonia Sacra ... The First Book, (1726)
Purcell, Henry et al: Harmonia Sacra ... Book II (1726)
Quantz, Johann: Versuch einer Anweisung die Flöte traversiere zu spielen.
Rameau, Jean-Philippe: Code de Musique Pratique, ou Methodes.
Rastall, Richard: The Notation of Western Music.
Rimbault, Edward: The Pianoforte, Its Origins, Progress, and Construction.
Rousseau, Jean Jacques: Dictionnaire de Musique
Rubinstein, Anton : Guide to the proper use of the Pianoforte Pedals.
Sainsbury, John S.: Dictionary of Musicians. Vol. 1. (1825). 2 vols.
Simpson, Christopher: A Compendium of Practical Musick in Five Parts
Spohr, Louis: Autobiography
Spohr, Louis: Grand Violin School
Tans'ur, William: A New Musical Grammar; or The Harmonical Spectator
Terry, Charles Sanford: Four-Part Chorals of J.S. Bach. (German & English)
Terry, Charles Sanford: Joh. Seb. Bach, Cantata Texts, Sacred and Secular.
Terry, Charles Sanford: The Origins of the Family of Bach Musicians.
Tosi, Pierfrancesco: Opinioni de' Cantori Antichi, e Moderni
Van der Straeten, Edmund: History of the Violoncello, The Viol da Gamba ...
Van der Straeten, Edmund: History of the Violin, Its Ancestors... (2 vols.)
Walther, J. G.: Musicalisches Lexikon ober Musicalische Bibliothec (1732)

Travis & Emery Music Bookshop
17 Cecil Court, London, WC2N 4EZ, United Kingdom.
Tel. (+44) 20 7240 2129